남북 경제협력의 새 비전과 과제

: 남한식 헤게모니 모색

남북 경제협력의
새 비전과 과제
: 남한식 헤게모니 모색

임종운 지음

좋은땅

책을 내면서

  저자는 1991년 초부터 1992년 초까지 약 1년간 북독일 슐레스비히 홀슈타인(Schleswig-Holstein)주의 수도인 킬(Kiel)에서 생애 최초의 해외 생활을 체험한 적이 있다. 지금은 해외 체류가 너무 흔한 일이 되었지만 당시 해외 장기 체류는 대부분의 한국인들에게는 흔치 않은 일이었는데, 저자가 이런 기회를 갖게 된 것은 당시 저자가 근무했던 대학 당국이 도입한 안식년 제도 덕분이었다. 저자는 이 제도를 이용하여 전공분야 해외 연구 동향을 살펴보고 부수적으로 해외 견문을 넓히는 기회로 삼기로 하였는데, 최종적으로 선택한 대학교가 킬 세계경제연구소(Kiel IFW)와 인접하고 있는 킬 대학교였다.

  저자가 독일에 도착한 시기는 1991년 1월이었는데, 이때는 1990년 10월 3일 이루어진 독일 통일(동독 지역의 5개주가 서독 연방에 가입하는 형식으로 통일됨)이 된 지 겨우 몇 달이 지난 때였기에 저자는 생생하게 통일 직후 독일 사회의 변화를 잘 느낄 수가 있었다.

  저자는 독일 체류를 이용하여 구 동독 지역과 북유럽의 일부를 여행하는 기회를 가졌는데, 그중에서 가장 기억에 남아 있는 장소는 포츠담에 있는 아담한 건물인 체칠리엔 궁전(Schloss Cecilienhof, 현재는 Cecilienhof Country House and New Garden)이었다. 이곳은 한국 사람이라면 잊을 수 없는 포츠담회담이 열렸던 역사적 명소로서 당시 우리 의사와는 무관하게 오직 자신들만의 이해관계에서 한반도

운명을 두고 설전을 벌렸던 회담장을 둘러보며 답답하고 씁쓸한 감회에 휩싸였던 기억이 새롭다. 예나 지금이나 한반도 정세는 당사자의 입장은 늘 등한시되고 강국들의 이해관계로 방향을 잡는 현실에 분한 감정이 아직도 남아 있다.

당시 동독 지역은 도로 상태나 외관으로 본 공장 지대의 시설들은 매우 낡아 보였고 사람들은 아직까지 사회주의체제가 온존되는 상태에서 통일이 가져온 새로운 변화에 대해 불안을 느끼고 곳곳에서 불평불만이 터져 나왔다. 특히 국유화되어 있던 자산들의 처분을 둘러싸고 과거 나치 시절에 동독 지역 부동산을 가지고 있었던 서독 민간인들의 소유권 인정 문제, 국유재산 처분과 배분에 관한 문제, 사유화 과정에 관한 문제 등을 중심으로 논란이 끊어지지 않는 상태에서 법적 다툼과 가열된 여론전의 와중에 신탁청 장관 로베더(Rohwedder)의 암살 사건이 발생하는 등 통일 후 독일은 전례 없이 어수선하고 혼란스러운 상황이었다.

저자의 기억이 비록 희미하지만 당시 범인은 밝혀지지 않았고, 대다수의 독일 매스컴은 당시의 사건을 이유 있는 동독 주민의 심판이라는 논조가 있었다는 것을 기억하고 있다. 앞으로 남북한의 통일에도 비슷한 경우가 적용될 것이라는 점은 예상될 수 있기에 이에 대한 긴 준비 기간과 자세한 연구가 필요할 것이다.

이 시기에 저자는 인근의 파독 간호사 출신 분들과 북독일 대학원 학생들과 공적 사적 교류를 통해 난생처음으로 직접 현지 해외동포들의 애절한 동포애와 조국 사랑을 느끼게 되었다. 또한 우리 가족이 기거하는 숙소의 근처에 한국에서 파견된 대우 조선소 직원들과 해군 장교 여러 가족들이 살고 있어 그들과 친교를 가지면서 대우조선이 HDW(Howaldtswerke Deutsche Werft - 한때 U-Boat를 건조하던 독일의 유명한 조선소임)와 협력하여 한국 최초 잠수함 건설 프로젝트를 추진한다는 사실도 알게 되었으며, 이제 한국은 잠수함을 가짐으로써 연안을 지키는 해군이 아니라 대양 해군으로 거듭나게 된다는 뿌듯한 이야기를 전해 들으면서 대북 전략 전술에 대한 이야기, 또한 잠수함 건조를 둘러싸고 미국과의 불협화음에 대한 이야기도 흥미 있게 들었다.

그 뒤 저자는 2000년대 초 한국을 떠나 캐나다에서 지금까지 근 20여 년 동안 해외동포로서 살게 되어 원거리에서 한반도와 한국 사회를 다시 바라보게 되면서 한반도 평화와 남북 관계 개선에 대한 저자 자신의 담론에 대해 다시 한번 더 생각하게 되었다. 여담이지만 저자를 포함한 해외동포들은 현지인들로부터 한반도 정세와 남북 문제에 대한 순진한 질문을 받을 때마다 어떤 진지한 대답을 해야 할지를 두고 당황하는 경우가 많다. 더구나 자신들의 자녀들이 이 문제를 물어올 때의 당혹감이 적지 않다. 왜냐하면, 해외동포들이 만나는 가까운 이웃들은 해당국의 대표자들을 뽑는 유권자들이고 그들이 선택하는 대표자들이 어쩌면 한반도 정책에 영향을 미칠 수 있는 것이고, 우리 동포들의 자손들은 자신의 뿌리에 대해 궁금해하며 자신들의 정체성을 확립해 갈 것이라는 것이 확실하기에 해외동포들은 각자의 위치에서 제대로의 대답을 해야 하는데, 이에 대한 적절한 대답을 충분히 준비하지도 못한 채 질문을 당하고 보니 적잖게 당황하게 되는 것이다.

또한 저자는 공식 비공식 교민 모임에서 이따금 애국가를 제창하는 경우를 경험하였는데 애국가 제창이 진행될수록 목이 쉬고 감정이 진해지는 것은 저자뿐만 아니라 참석자 모두가 그러하였다. 이런 진한 감정은 해외동포가 아니고는 느낄 수 없는 것이었다. 누군가가 기획한 순서에 애국가 제창을 넣은 것은 이상할 것이 없는 것이지만 먼 이국땅에서 막상 애국가를 4절까지 제창하고 보니 느낌이 새로워졌던 것이다.

먼 나라에서 불러보고 다시 듣는 애국가! 아 그렇구나 한국은 헌법 전문에도 있듯이 대한민국이고 대한민국의 국가는 애국가인 것이다. 낯선 이국땅에 떨어져 오로지 조국의 자주 독립을 꿈꾸며 생사를 넘나들었던 우리 독립투사들은 우리나라가 작은 나라가 아니고 위대한 대한민국이고 나라 노래도 단 몇 줄로는 도저히 끝낼 수가 없었던 것이리라. 이 지구상 하고 많은 나라들 중에 국가를 애국가로 부르는 나라도 없거니와 그것도 4절까지 부르는 나라가 흔한 일일까? 우리 선조들은 이 세상에 보기 드문 긴 가사로 후손들에게 유훈을 남겼던 것이다. 외로우나 괴로우나 나라 사랑하라고…. (참고 애국가: 괴로우나 즐거우나 나라 사랑하세)

지루하지만 이상과 같은 점들이 배경이 되어 저자는 해외동포와 남북 경협에 관한 주제를 놓고 저자의 생각을 정리하기로 작정하였다. 이를 위해 수차례 한국을 방문하여 연구자도 만나고 국회 도서관과 국립 중앙도서관의 자료를 중심으로 한국 학술 단체와 주요 대학 논문집, 연구단체들의 연구 성과물들을 검토하게 되었지만, 남북 경협과 해외동포의 역할에 관한 본격적인 논의는 찾기가 힘들었다. 그 과정 중에 2023년 6월 초에 재외동포청이 발족하여 해방 이후 처음으로 대한민국 정부가 별도의 조직을 꾸려 해외동포 사업에 관한 업무를 본격적으로 시작한 점은 저자의 집필 의욕을 북돋아 준 계기가 되었다.

　본 주제에 대해 저자가 첫 번째로 고려한 부분은 관련 논의들을 담아낼 적절한 분석틀을 찾는 것이었다. 분석틀을 도입함으로써 논의폭이 줄어들 수는 있지만, 그런 단점보다는 적절한 분석틀을 통하여 우리는 검토할 수 있는 핵심을 보다 더 깊이 접근할 수 있는 장점이 있기에 통상적으로 많은 연구자들은 연구 주제에 관한 이론적 분석을 제일 먼저 앞세우고 기존 연구들을 검토하고 자신만의 가설을 세우는 작업을 진행한다.

　저자가 선택한 분석틀은 세계체제와 헤게모니와 관련된 이론들이었는데 저자는 이런 이론들을 통해 2차대전 이후 성립한 미국 중심 세계체제와 지난날 독일이 통일 과정과 통일 후 유럽연합(EU)과의 관계에서 발휘하던 헤게모니의 내용을 정리하고자 하였으며, 또한 미국이 한반도에서 행사하고 있는 헤게모니와 이에 반발하는 북한의 입장을 대응시키면서 한반도에서 남한의 리더십 공간을 검토해 보는 것이었다.

　두 번째로 저자의 관심은 남북 경협과 한반도 평화 프로세스과정을 한반도 내에 남아 있는 남북 간 냉전의 유제를 혁파하는 계기가 되도록 할 뿐만 아니라 해외동포를 포함한 범 민족공동체 전체가 모두 참여하는 21세기 새로운 나라의 틀을 짜는 계기가 되도록 하는 것이었다. 이것을 논증하기 위해 과거 대만과 최근의 중국이 화교, 화인 정책을 통해 급속한 발전을 이루었던 사례를 정리하여 남한과 북한의 관계와 관계의 발전이 7백만 해외동포를 포함해서 3자 동반 성장의 기회가 되는 방안을 모색해 보기로 하였다.

세 번째 저자가 고려한 것은 한반도 주변 4대 강국들의 영향력 정도를 제한하는 일이었다. 큰 시각으로 볼 때 남북 문제는 남북 당사자 간의 문제인 동시에 국제적 문제라는 것에 동의하지만, 남한과 북한 모두 그 어떤 강대국들의 위성국가는 아니다. 이 점을 분명히 한다면 우리는 어떻게 강대국들의 직접 간섭과 영향력을 제어하고 남북한 주민과 세계에 널리 퍼져 있는 해외동포들의 역량을 어떤 식으로 집결할 것인가 하는 명확한 목표에 다가갈 수 있을 것이다.

외세를 무시할 수는 없겠지만 처음부터 지배적인 것으로 전제하는 행위는 논의를 복잡하게 만들 뿐 아니라 현재 국제적으로 공인되고 있는 남한의 국격을 우리 스스로 낮추는 비열한 태도라 할 수 있다. 타국이 원하는 바를 지키며 우리 이익을 도모하기가 여간 어려운 것이 아니고 주변국들을 대하는 기본 자세는 우리 주장과 이익을 먼저 추구하는 정책 기조를 세운 뒤에 이에 협조하는 상대국과 협조하고 도전하는 국가와 교섭하는 것이 현재 남한의 국격에 맞는 바르고 옳은 길이기 때문이다. 이것이 저자가 선택한 본서의 근본 시각이다.

마지막으로 저자가 주장하고 싶은 점은 남북 관계나 남북 경협 더 나아가 한반도 평화 프로세스와 남북 경제 공동체 및 통일 문제는 양측 정권의 사상적 배경과 성향과는 무관하게 장기적으로 역사 발전적으로 추진해야 한다는 점이다. 이러한 과정 속에서 우리는 장기에 걸쳐 직접 기회를 만들거나 혹은 독일처럼 유리하게 형성된 정세를 곧바로 이용하는 기회를 즉각 붙잡게 될 수 있는 것이다. 남북한 관계와 관계의 발전은 인류 보편의 가치인 민주주의를 정착시키는 귀중한 기회이자 우리가 살고 있는 이 땅에서 시대에 한참 뒤떨어진 냉전의 유산을 우리 손으로 정리하는 세계사적 과업이므로 정권과 정파의 단기 전략이 되어서는 안 된다.

이상과 같은 저자의 집필 동기와 배경 그리고 기본적 착안점들이 본서에서 충분한 논증과 설득력 있는 표현으로 성공했는가 하는 점은 확신하기 어렵지만, 주지하다시피 본서의 주제인 남북 경제협력은 경제뿐만 아니라 국제정치, 안보 등 여러 분야에 걸쳐 있는 문제이기에 각각의 전문성을 다 담아내는 것은 애초부터 불가능한 일이었다. 다만 저자는 종전의 논의들과 구별되는 새로운 분석틀을 설정하고 그 분석틀 내에서 논의할 수 있는 남북 경제협력의 내용을 충실히 정리해 보고자 하였으며, 남은 문제들은 추후 각 분야에서 보다 전문성을 가진 후속 연구자들이 감당할 문제라고 생각한다.

충분하지는 못하겠지만 본서에서 새롭게 제기한 남북 경제협력의 비전과 과제가 7백만 해외동포와 정책 당국자들이 자신들의 착안점을 발전시키는 작은 디딤돌이라도 된다면 저자로서 더 바랄 것이 없다. 본서를 만드는 과정에 격려와 조언을 아끼지 않았던 친우 이재희 박사의 도움에 큰 사의를 표하고 싶다. 그는 자신의 바쁜 연구 일정에도 불구하고 자신의 일처럼 저자의 원고를 여러 차례 읽고 귀중한 조언을 해 주었다. 비록 그의 조언을 본서에 다 반영 못 한 것은 아쉬운 일이지만 같이 원고를 놓고 서로의 의견을 교환했던 시간은 저자에게 행복한 시간이었다.

2023년 6월 25일

임종윤

목차

책을 내면서   5

I
시작하는 글   15

II
1945년 이후 한반도 경제사회 발전과정에서 확인된 사실들   22

III
이론적 배경   25

1. 용어 및 개념 정리   25

2. 세계체제(전환)론   33

3. 헤게모니 안정성론   54

4. 글로벌 세계체제론   62

5. 독일식 헤게모니론   70

6. 평가와 종합   83

IV
미국의 한반도 시각과 남한의 국제적 위상   89

1. 한반도 분단구조의 전개: 냉전적 대결구도에서 화해 협력구도로   89

2. 미국의 한반도 시각　　　　　　　　　　　　　92

3. 남한의 국제적 위상　　　　　　　　　　　　　101

V

남북 경제협력의 성과와 한계　　　　　　　　113

1. 남북한의 경제 현황　　　　　　　　　　　　113

2. 남북한의 딜레마　　　　　　　　　　　　　116

3. 남북 경제협력의 배경　　　　　　　　　　　123

4. 남북 경제협력의 성과와 한계　　　　　　　130

VI

해외동포 사회의 재인식　　　　　　　　　　148

1. 해외동포를 보는 시각　　　　　　　　　　　148

2. 해외동포 현황　　　　　　　　　　　　　　154

3. 해외동포 사회의 재인식　　　　　　　　　　158

VII

주요국의 해외동포 정책:
대만과 중국의 화교, 화인 정책을 중심으로　　161

1. 개황　　　　　　　　　　　　　　　　　161

2. 화교 현황과 중화경제권의 성장　　　　　　　163

3. 대만의 경우　　　　　　　　　　　　　　165

4. 중국의 경우　　　　　　　　　　　　　　172

5. 남한에 주는 시사점　　　　　　　　　　　　183

VIII

남한의 해외동포 정책 조정과 대 북한 공공재 공급 방향　　189

1. 기본 전제　　189

2. 남한의 해외동포 정책 조정　　192

3. 남한의 대 북한 공공재 공급 방향　　197

4. 논의의 종합　　200

IX

남북 경제협력의 새 비전과 과제　　202

1. 세계체제 속의 남북 경제협력　　202

2. 남한의 헤게모니 발휘와 남북 경제협력　　204

3. 21세기 선도국 지향을 위한 정책 과제　　206

X

맺음말　　210

참고 문헌과 자료　　223

┃ 시작하는 글

 2차대전 후 세계 분쟁 지역들 중에서 지금까지 유일하게 분쟁, 분단 지역으로 남아 있는 한반도의 남북한은 지난 70여 년 동안 휴전 상태를 벗어나지 못하고 상호 대립과 긴장 속에서 아직도 냉전의 유산을 해결 못 하고 있다. 현재 남북한은 이미 확고하게 구축된 상반된 체제를 가지고 오랫동안 서로 대립하고 있기 때문에 한반도가 하나의 통일된 단일체제로 이행하는 길은 어렵고도 장기적 과업이라 할 수 있다. 비록 2000년대에 들어 남북한 정상간에 수차례 회담이 오갔고 금강산 관광 사업과 개성공단 운영이라는 괄목할 만한 성과가 있었지만 남한 정권이 바뀐 2023년 현재 한반도 상황은 과거 상호 평화 공존을 모색하는 단계와는 달리 다시 심각한 남북 대결구도로 돌아감으로써 정권에 따라 남북 문제는 많은 혼선을 보이고 있는 것은 사실이다. 그러나 역사의 흐름으로 볼 때 중장기적으로는 남북 모두 소모적인 분단과 대결의 비용을 줄이고 남북 평화 공존은 물론 21세기 선도국으로의 기반을 다지는 동반 성장의 길로 양측의 정책 방향이 수렴하게 될 것이라는 합리적 추론이 가능하다.

　이러한 평화 공존 모색의 일환으로 남한에서 한때 통일연구원을 비롯한 국내 각 연구단체는 물론 미국을 비롯한 다수의 연구단체들이 한반도 통일 논의와 한반도 평화 프로세스에 대한 다양한 논의들을 진행하였는데, 그중에서도 국내에서 가장 큰 규모로 진행된 행사는 "2021 한반도 국제평화 포럼"이 가장 대표적 경우라고 할 수 있다.

　이들 논의들을 국내외로 나누어 크게 두 가지로 대별해 볼 수 있다. 미국을 중심으로 한 외국 연구자들의 논의들은 한반도 평화 프로세스 이슈를 주로 북한의 비핵화 이슈에 집중하여 워싱턴 당국의 이해관계에 초점을 맞추고 있으며, 국내 연구자들은 역대 정권의 정책 기조에 동조하는 형태로 진행되어 큰 틀로서 남북한 긴장 완화, 동북아 평화협력 구상, 최근에는 한반도 신경제구상과 북방경제 공동체 형성 등을 주목하여 남북 문제를 동북아 전체의 평화체제 구축과 아울러 남한 경제의 동북아 리더십 제고의 차원으로 연결하고 있다.

　또한 기존 논의들은 한반도 평화공존 프로세스 방식에 대하여 두 가지 대별되는 양상을 보이고 있다. 한쪽은 실질적 행위 당사자인 남·북 혹은 북·미 간의 협상으로 접근하려는 양자협상 방식이 있는가 하면, 다른 쪽은 남·북·미 삼자 간 회담, 남·북과 미국, 중국 러시아 일본까지도 포함하는 6자회담으로 대표되는 다자협상 방식으로 양분되는 모습을 보이고 있다.

　이러한 기존 논의들은 나름대로 장점을 가지고 있겠지만 몇 가지 한계를 노출하고 있는 것도 사실이다.

　첫째로 기존의 연구들은 역대 정부의 대북 정책 기조에 부응하여 북한을 경제적 지원 및 시혜의 대상으로 인식하여 협상의 주된 당사자인 북한의 이해관계와 입장이 잘 반영되어 있지 않았고 지나치게 미국 편향적이거나, 남한 위주의 협상 추진에 무게를 두는 접근이 대부분이다. 한반도 평화 프로세스에 북한의 입장을 충분히 반영하지 않은 것은 연구자들이 이미 핵 문제와 체제 안정을 기반으로 한 북한의 개방과 경제협력 정책이 고정 불변인 것으로 보는 것이거나 협상 상대자로서 북한의 상황을 비중 있게 고려할 필요가 없다는 암묵적인 동의를 기반으로 하는 경우 등이 있겠으나 그 어느 것도 일방적이라는 비판을 면할 길이 없다.

둘째, 기존 논의들은 남북 문제와 한반도 평화 프로세스에 정부 간 논의 수준에 초점을 둠으로써 통일과 민족 공동체 형성을 목표로 한 남북한 대중 다수의 역할이 경시되었다. 한반도 평화 프로세스나 남북 경제협력 나아가 북한의 개혁 개방은 남북한 동포가 결정하는 것이지 남북한 정권들의 협상만으로 결정될 사안이 아니다. 이러한 명백한 사실에 기초하지 않으면 남북 관계의 진전은 파행을 피할 수 없을 것이다. 따라서 남북한 양측의 정부는 남북한 긴장 완화와 한반도 평화 프로세스를 단기적 전략으로 접근할 것이 아니고 정권의 성향과 관계없이 남북한 주민들의 동의와 참여를 얻어 가는 장기적 전략을 추진해야 할 것이다. 일례로 외세 개입으로 입는 한반도의 잠재적 피해와 현실적 질곡을 함께 논의하고 평화 통일로 가는 기반을 구축하기 위한 공공재(법률 제도와 각종 인프라) 구축에 합의하여 남북한 대중 다수의 동의를 이끌어 내야 할 것이다.

셋째, 대부분의 기존 논의들은 남북 관계에 있어 남한의 리더십 강

화 부분을 전면에 내세우지 못하고 매우 소극적인 태도를 보이고 있다
는 점이다. 이미 선진국 경제로 도약한 남한의 대 개도국 지원 규모에
북한 사회의 지원 비중을 높이거나 통일세 혹은 통일 복권의 발행 등
을 통해 관련 예산을 더 확보하여 고립되어 있는 북한 동포들을 돕는
방법을 강구해야 한다. 이미 국제적 경제 제재로 고통받고 있는 북한
을 남한마저 외면하거나 방관하는 정책을 취한다면 제재가 완화되거
나 개방 국면에서 남한의 리더십이 발휘되기 어렵고, 궁지에 몰린 북
한이 중국과 러시아 영향력 아래로 떨어지는 것은 남북한 모두에게 큰
부담이 되는 것은 자명하기 때문이다. 따라서 남한의 대 북한 리더십
을 상대적인 수준에서 절대적인 수준으로 상향해야 할 필요가 있다.

넷째, 기존 논의들 속에는 남북 경협 내지 경제 통합 과정의 걸림돌
이라 할 수 있는 북한의 남한 콤플렉스를 극복하는 방안이 결여되어
있다. 자존감에 전부를 거는 북한으로서 적대적인 남한에게 백기를
들고 협상에 임한다거나 아무 매개 개념과 절차 없이 경제 통합에 합
의할 것이라고 기대하기는 어렵다. 북한의 남한 콤플렉스를 해소하는
하나의 방법은 중립적이면서 동포 친화적인 7백만 해외동포의 역할
을 생각해 볼 수 있다.

마지막으로 기존 논의에서 발견되는 논조는 군사, 안보 측면을 남북
실리적 경제 측면보다 앞 세우는 경향이 있다. 전자가 매우 중요한 것
은 사실이지만 후자를 통하여 전자의 부담을 경감시킬 수 있음을 잊
지 말아야 할 것이다. 국방과 안보의 강화는 남북 양측의 긴장 관계를
극대화시켜 비생산적인 비용을 증가시키는 것이지만 실리적 경협 증
가는 상호 대결과 긴장 관계를 해소하여 한정된 자원을 생산적으로

활용하고 재원을 절약하여 나중에는 오히려 안보와 국방력을 증가시킬 여력을 확보할 수 있는 것이다.

이상에서 우리는 기존 문헌에서 소홀히 다루거나 누락된 점들을 저자의 시각으로 정리해 본 것인데, 이것은 곧 본서의 구성으로 구체적으로 나타나게 될 것이다. 작업의 편의를 위해 맨 먼저 저자가 선택한 절차는 1945년 이후 지금까지 한반도 경제사회 발전과정에서 역사적으로 관찰된 사실들을 정리 확인하는 것이다(II장). 이런 관찰된 역사적 사실은 논증을 요하는 것이 아니기 때문에 우리는 이런 확인된 사실을 기초로 삼아 몇 가지 가설과 명제를 세울 수 있고 결국 이런 과정이 곧 이론 구축으로 나아갈 것이다. 이 경우 모든 자료를 동원하여 역사적으로 확인된 사실들을 전부 망라하더라도 그 자료들 자체만으로는 유의미한 줄거리를 가질 수 없기 때문에 당연하게 일정한 추상수준을 거쳐 사전적인 선택과정을 거칠 수밖에 없다. 따라서 사실정리과정도 저자의 편향과 성향을 피할 수 없을 것인데 바로 이 부분에서 어쩔 수 없이 저자는 강조점에 대한 선택권을 행사할 수밖에 없을 것이다.

이어서 III장에서는 주제와 관련된 시각과 관련 이론을 검토하기로한다. 주제와 관련하여 저자가 선택한 이론적 착안점은 세계체제론과 관련된 기존 이론들을 살펴보고 특히 세계체제와 헤게모니역학 관계를 중심으로 정리할 것이다. 이 과정 중에 해방 후 한반도에 뿌리내린 미국의 헤게모니내용과 독일 통일과정과 통일 후 EU운영에서 발휘된 독일식 헤게모니의 특징을 살펴본 다음 이를 종합하여 평가할것이다.

IV장은 남북한 분단구조의 역사적 전개 과정과 분단 과정에 깊게 관여한 Hegemon 미국의 한반도에 대한 시각을 정리해 본다. 그리고 본장의 마지막 부분에 이미 선진국 반열에 오른 남한의 국제적 위상을 경제적 측면에서 간략하게 살펴본다.

이어서 V장에서는 남북한 경제 현황을 간략하게 정리한 뒤 현재 남한과 북한이 직면한 각각의 내부 모순과 남·북 쌍방에 얽혀 있는 경협 추진의 딜레마를 살펴본다. 이어서 지금까지 진행된 남북 경제협력 성과와 한계를 정리한 다음 남북 관계에서 남한의 리더십 가능성을 점검해 보기로 한다.

VI장은 7백만 해외동포 현황을 정리하고 해외동포를 새로운 시각으로 조망한다. 남북 경협과 향후 기대할 수 있는 남북 경제 통합은 남북한만의 문제가 아니라 한민족 공동체의 동반 성장과 발전을 도모하는 일이기 때문에 해외동포의 민족적 권리와 잠재력에 대한 고려가 필수적이다.

이런 논조를 보다 구체적으로 입증하기 위하여 VII장에서는 주요국의 해외동포 정책, 특히 대만과 중국의 화교 화인 정책을 중점적으로 살펴본 다음 한국의 해외동포 정책에 던지는 시사점을 정리할 것이다.

본서의 핵심이 될 VIII장은 남한의 해외동포 정책 조정의 필요성을 제기하고 남한과 해외동포가 북한에게 제공할 수 있는 공공재 범위를 검토할 것이다. 이것은 남한의 공공재 공급 추진의 기본 환경조성과 함께 남한식 헤게모니 방향에 대한 함의를 도출하는 작업이 될 것이다.

IX장은 남북한 경제협력의 전망을 살펴보는 공간이다. 특히 우리가 이미 이론 부분에서 검토한 세계체제 속에서 남과 북은 서로 어떻게 타협의 공간을 확보해 나갈 것이며, 경제적으로 우위를 가진 남한이 어떤 협력 형태와 내용을 가지고 리더십을 행사할 것인가를 중점적으로 검토한다.

마지막으로 X장에서 지금까지 논의를 종합하고 평가한 다음, 정책 제안적 측면에서 남북 간의 이념과 체제 차이와 긴장을 완화하고 남북 경제 통합의 길을 촉진하기 위해 남한, 북한, 7백만 해외동포 3자 간 연계 협력체제 가능성을 타진하기로 하겠다.

II 1945년 이후 한반도 경제사회 발전과정에서 확인된 사실들

현재 세계 추세는 사회주의체제가 붕괴되고 거의 자본주의 시장경제체제로 보편화되었는데 오직 북한만이 시장경제체제로 이행하지 못하고 있다. 즉 사회주의 종주국이었던 소련은 해체되어 새로 탄생한 러시아가 자본주의 시장경제체제로 전환되었으며 공산체제 중국도 자유 시장경제체제로 전환하여 눈부신 경제 성장을 이루었고 베트남마저 사회주의체제를 유지하는 가운데도 과감한 시장 개방 정책을 통해 현재 놀라운 경제 성장 실적을 보이고 있다.

그러나 북한 공산당체제는 아직 시장경제체제로 전환하지 못하고 세계 최빈 국가로 머물며 북한 주민이 고통받고 있다. 현재 북한의 김정은 정권은 그 어느 때보다 개방에 대한 열의가 있고 체제 안정이 보장되는 한 개방의지가 확고하다고 볼 수 있다. 즉 최근의 장마당의 허용과 외자도입법 제정 등에서 보듯이 북한은 이미 어느 정도 시장경제가 도입되었고 향후 개방체제로 전환될 가능성이 매우 높아졌다고 평가할 수 있는 것이다.

둘째, 최근 들어 남·북 정권들은 6.25 전쟁과 같은 무력을 통한 남북한 통일은 불가능하다는 것을 알게 되었으며 과거와 같은 체제 대결과 무력 과시와 테러를 통한 군사적 수단도 그 의미와 효과가 퇴색되었다는 것을 상호 인지하게 되었다. 현재 남한은 과거 이승만 정권에 외치던 북진통일 구호 같은 공격적 입장은 완전히 소멸되었고, 북한도 대남 공작원 파견 휴전선 도발 같은 공격적 태도도 보이지 않게 되었다. 즉 과거 김일성 정권이 내세우던 남한 적화 통일 구호도 점점 의미를 잃고 있다. 구체적인 예로서, 구래의 고려연방제(1973년 제안한 북한의 대 남한 통일공세 정책으로, 미군 철수 후 1헌법 1의회구성이 핵심) 주장을 폐기하고 낮은 단계 연방제(정식 명칭은 고려민주연방공화국으로 2000년 10.6 주장한 통일 전략으로 주된 내용은 주한 미군을 허용하되 다만 그 역할 변경을 전제하여 2개의 정부가 정치, 군사, 외교권을 행사하고 그 위에 "민족통일기구" 창설을 주장하였음. 그러나 본 주장에 동 기구의 구성과 권한이 핵심 이슈인데 구체적인 내용이 빠져 있음)를 주장하여 미군의 주둔을 허용하고, 서로 사상과 제도 차이를 인정하고 남북 교류협력을 확대하는 식으로 대남 전략을 크게 전환하였다. 따라서 현 단계 한반도 남·북 문제는 군사 무력을 기반으로 한 체제 경쟁시대가 아니라 각국의 통치체제 아래 한반도 안정화를 전제로한 남북한 경제번영의 협력자 혹은 동반자 시대로 접어들었다고 볼 수 있다. 우리는 이것을 금강산 관광 사업과, 개성공단의 운영 등의 대표적 사례에서 확인할 수 있었다.

셋째, 6.25 전쟁 이후 한반도 평화 프로세스와 북핵 문제 해결은 형식적으로 남북 문제가 아니라 국제적 차원에서 해결되어야 할 수준으로 고착되어 있다. 따라서 남한에서는 한반도 평화 프로세스와 북한의 비핵화 문제를 미국을 중심으로 한 다자간 협상 중심으로 접근하려는 시도가 절대 우세를 보이고 있는 반면에 북한은 미국과의 쌍방 협상에 집중하는 태도를 보이고 있다.

넷째, 최근 남북한은 상호 평화 공존의 필요성을 인정하고 있으며 이 과정에서 남한의 이니셔티브가 확인되고 있다. 즉, 남한의 정상들이 수차례 방북하여 남북 정상회담을 이끌어 냈으며, 남한의 개성공단 운영 경험 등에서 알 수 있듯이 남한 자본과 정부는 이윤율 유지와 확대를 위해 남북 경협에 보다 적극적인 태도를 보여 왔다. 그러나 남한과 미국의 정권이 바뀌자 남북 경협은 중단되어 남북 경협은 미국의 대북 전략의 포로 상태가 되어 있다.

덧붙여, 북한은 자신의 역량과 현재의 전략만으로 자신이 원하는 방향으로 북미 협상을 성사시킬 수 없다는 사실을 인지하고 일부 남한의 중개인 역할을 허용하는 한편 구래의 미사일 발사와 핵실험 추가 실시를 암시하여 대미 협상력을 유지하고 있다.

마지막으로 남한의 국제적 위상이 높아져서 대북 대미 잠재적 협상력이 상향되었다. 즉 한류의 이름으로 방산, 방역, 문화, 예능, 경제 등 다방면에 걸쳐 남한의 국제적 영향력은 과거와 비교될 수 없는 수준으로 상향되었다. 따라서 남한은 한반도 문제에 리더십을 발휘할 수 있게 되었으며, 적어도 한반도 문제에 대한 주위 4대 강국에 대한 교섭력을 발휘할 입장이 되었다.

남북 경제협력의 새 비전과 과제 : 남한식 헤게모니 모색

Ⅲ 이론적 배경

 ## 1. 용어 및 개념 정리

1) 경제협력

일반적으로 경제협력이란 서로 다른 나라들 간에 상호 필요한 경제적 결과를 얻기 위해서 협동적으로 경제 교류와 접촉을 도모하는 노력을 지칭하는 것이다. 이것은 당사자 간 기대하는 경제적 결과와 서로 협조하는 형태와 방식 등에 따라 다양한 방면에서 그 구체적 형태가 나타난다고 볼 수 있다. 예를 들면 국제 교역과 투자, 경제 원조, 노동과 자본 등의 분야에서 이루어지는 경제협력인 경우, 참가국은 제각기 기대하는 경제적 효과를 극대화하려 하는 가운데, 구체적으로 협력 대상과 범위 그리고 방법을 정하게 되는데 중요한 점은 이것은 곧 경제협력 행위가 세계체제의 구조적 규정을 받게 된다는 점과 해당 나라의 경제 발전 전략의 일환으로 추진된다는 점이다.

또한 일방적 가치 이전 내지 증여의 형식인 것처럼 보이는 경제원조의 경우라도 그것은 일국이 타국에 일방적으로 자비심을 표현하는 것이 아니라 장기적 관점에서 결국은 선진국 자본의 대 개도국 시장 개척과 확보 내지 해당 나라의 우호를 얻을 목적으로 건네는 엄연한 계산된 교환 관계라고 보는 것이 보다 사실에 가깝다.

추가적으로 중요한 점은 이러한 경제협력 과정은 국내 사회 계층과 자본 분파 간의 이해가 충돌할 수 있고 이런 경제적 효과뿐만 아니라 글로벌 규범과 국내 규범과의 조정, 문화와 제도와 (경제)체제, 정치와 군사 측면에서 복합적 관련성을 가질 수밖에 없기 때문에 생산력 수준이 낮은 나라에서 선진국과 경제협력을 고려할 경우 이에 대한 고려가 필수적이라 할 수 있다.

남한의 경우 1950년대 1960년대 미국의 경제 원조와 군사 원조 형태가 1970년대 상업차관 형태로 발전한 것이 좋은 예가 될 것이다. 즉 1950년대 1960대 말까지 미국의 대한 원조는 당시 남아돌던 미국의 국내 잉여 농산물 처리와 2차대전 후 비대해진 군수 산업의 처리와 관리가 필요했던 것이고 당시 적대적이었던 중국과 소련으로부터 자본주의 시장을 지키고 확보하기 위해 전략적으로 필요했던 계산된 경제 거래였다. 더욱이 경제 원조의 배분과 처리가 수원국인 남한에 있는 것이 아니라 미 당국의 엄격한 관리하에서 집행되었다는 점에서 일방적 증여는 아니라는 점은 명확하다 할 것이다.

이러한 원조 형태는 1960년대와 1970년대 남한의 본격적인 경제 개발 전략과 호응하여 막대한 미국의 상업차관과 상당한 직접 투자와 연결되어 발전 형태를 보임으로써 남한의 경제 발전 패턴이 자본주의 맹주인 미국의 경제 원조-차관-직접 투자 의존 형태로 발전되어 나왔다고 볼 수 있을 것이다.

2) 헤게모니

어원적으로 Hegemony란 고대 그리스어인 "hegemonia"에서 유래한 말로서 맹주국 아테네(Athens)가 적대 관계에 있던 페르시아 제국에 대항하기 위해 연맹을 맺은 기타 도시국가들에게 행사하였던 지도력 내지 지배력(Dominance)을 지칭하는 것이었는데, 물론 이 경우 직접 지배력을 행사해 가든지, 자치권과 주권을 넘어서는 것이 아니라 다만 협조하고 공조하는 수준으로 지도력을 행사하는 정도였다.

오늘날 이 용어를 가장 광범위하게 사용하는 그룹은 국제관계론자들과 후기 마르크시스트들이라고 할 수 있으며 그들은 각자의 논점에 맞게 이 용어를 사용하고 있다. 먼저 국제관계론자들이 사용하는 헤게모니의 개념은 어떤 나라가 다른 여타국들에게 행사하는 압도적인 영향력 혹은 통제력 혹은 동맹 관계 속에서 다른 동맹국들을 압도적으로 행사하는 리더십이며 여타나라들이 암묵적으로 동의하고 따르는 리더십 정도로 이해될 수 있다. 이것은 국제 질서와 세계 자본주의체제의 틀 안에서 지배적인 리더십을 말하는 것인데, 유의할 점은 압도적인 영향력 혹은 통제력 또는 압도적인 리더십을 어떻게 이해하느냐에 따라 논자들 간에 개념의 차이가 존재한다는 점이다. 이후의 논의에서 잘 드러나듯이 군사적 경제적 압도적 영향력 행사를 통해 강권하는 영향력이 있는가 하면 전통과 관습, 제도를 통해 동의를 얻어 내거나 간접적 억제력을 행사하는 영향력으로 대별할 수 있을 것이다.

전자의 경우 어떤 리더 국가가 국가 간의 내부 체계를 강제하는 규정과 제도를 부과하는 영향력을 말하는 것으로 과거 해양법을 제창했던 네덜란드, 금본위제도를 구축하여 식민지체제를 운영했던 영국, 그리고 2차대전 후 수많은 국제 제도를 만들었던 미국이 행사했던 영향력을 지칭하는 용어로 사용되는 개념이었다. 이것은 한마디로 Hegemon의 역량을 중시한 용어라고 볼 수 있다. 이 용어는 암묵적으로 후술하는 월러스타인의 세계체제(전환)론과 헤게모니 안정화론에서 언급하는 헤게모니의 형태가 될 것이다. 후자의 경우는 1970년대 후반부터 다극체제 아래 전개된 헤게모니로서 특히 EU라는 거대 국가 연합체가 탄생하는 가운데 독일이 수행한 독특한 헤게모니와 리더십과 관련이 있다. 우리는 이것을 후술하는 독일식 헤게모니론(III장 5절)에서 구체적으로 확인할 것이다.

세 번째는 네오 마르크스주의 그룹이 사용하는 헤게모니의 개념이 있다. 이 개념은 이탈리아 마르크스주의자인 그람시(Gramsci)에 의해 본격적으로 사용되었으며 그는 선진 자본주의 재생산 분석과 더불어 사회주의적 변혁에 대한 함의를 도출하는 과정에서 본격적인 학술 용어로 부각시켰다. 그에 의하면 서방 선진국에서 지배 계급의 패권이 계속 유지되고 자본주의체제가 재생산되는 것은 그들이 꾸미는 지배화와 강제화 술책 때문이라는 것이다. 즉 그들은 자연스런 동의를 구하는 수단 즉 지성적이고 도덕적인(Intellectual and Moral) 리더십을 통하여 자신의 계급 지배를 계속한다고 주장하였다. 동의에 의한 지배 혹은 이데올로기적 지배, 이것이 그람시가 주장하는 부르주아 헤게모니 분석의 요점이라고 볼 수 있다.

따라서 그람시의 헤게모니는 자본주의 사상이 유포되는 방식, 그리고 그것이 상식적으로 그리고 규범적으로 용인되는 방식을 분석하는 데 사용된 계급과 관련된 개념이다. 현대 자본주의가 온존 유지되는 것은 부르주아지들이 안정적인 헤게모니를 달성하는 데 성공하여 이루어지는 것인데, 자본 축적 위기가 닥치고 이것이 붕괴된다면 체제의 위기가 온다는 것이다. 따라서 이 개념은 국제관계론이나 세계체제론에서 Hegemon(헤게모니를 행사하는 주체)를 강조하거나 계급 분석을 은폐한 국가단위로 접근하는 것과는 내용이 다르다.

마지막으로 등장한 헤게모니 개념은 그람시의 헤게모니 개념을 Global자본주의 세계체제 속으로 확장시킨 Neo-Gramscian Hegemony 개념을 들 수 있다. 이 개념은 제2차 세계대전 후 압도적 리더십을 가진 국가(미국)가 어떻게 국제적 동의, 혹은 이데올로기측 리더십을 얻어 경제적 지배력을 국제적으로 행사하는가를 분석하는 과정에서 그람시의 헤게모니 개념을 새롭게 발전시켜 세계 자본주의체제와 관련시키게 되었다. 즉 이들은 2차대전 후 미국이 단순히 경제와 군사력만을 발휘하여 국제 헤게모니를 가진 것이 아니라 Fordism(정확하게 말한다면 Fordist-Keynesianism)과 신자유주의라는 독특한 축적체계를 만들어 미국 자본가 계급을 안정화시키고 동시에 이것을 국제화시켜 세계 자본주의체제를 유지하게 되었다는 주장을 펼친 것이다.[1]

이러한 Neo-Gramscian의 헤게모니 개념에서 주목할 점은 헤게모니

---

1 Cox(1995).

라는 용어를 원래 그람시가 사용한 (국내)계급적 개념을 초국가적 계급 형성으로 대체 발전시키고 글로벌 자본주의와 헤게모니를 연결시키고 있다는 점이다. 이 점에서 그들의 헤게모니 개념은 국가 중심으로 용어를 사용하는 상기 3개의 개념들과 큰 차이를 보이고 있다. 그람시의 원래 주장에 의할 때 국가는 지배 계급이 자신의 지배를 합당화하고 유지할 뿐만 아니라 자신이 다스리는 사람들의 활발한 동의를 얻게 되는데 이 과정은 지배 계급과 사회 제 세력들의 역사적 블록[2]이 헤게모니를 발휘하는 것으로 되어 있다.

　이상과 같은 여러가지 헤게모니의 개념을 크게 대별하여 본다면 국

2　역사적 블록(historic bloc: HB)이란 용어는 네오 마르크시스트인 Antonio Gramsci(1891-1937)가 본격적으로 사용한 용어로서 철학적 정치적 경제학적 해석과 재해석에 논란이 많은 부분이기에 간단히 정리할 수 없지만 우리 논의에 맞게 가장 축약된 형태로 살펴보기로 하자. 먼저 구조적 의미인 Bloc이란 용어 사용에서 그는 사회적 그룹과 경제구조, 또한 그에 수반되는 이데올로기적 상부구조(configuration)의 특별한 형상배치(configuration)에 기반을 둔 Hegemonic Social structure를 지칭한다고 볼 수 있다. 즉 그에 의하면 HB는 강제수단을 통해 또한 국가 권위, 그리고 경제 영역의 우위와 시민 사회로부터 동의를 구하는 적법성을 확보하는 장치를 통해 헤게모니를 행사하는데, 결국 다양한 사회계층의 동맹(Alliance)의 존재를 언급하기 위해 이 용어를 사용한 것이다. 한편 Historical이란 말을 붙인 것은 그의 옥중수고(Prison Notebooks, 1932년 중 후반) 제13권에서 인간 본성을 규정한 부분과 관련된다고 볼 수 있다. 그가 보는 인간 본성은 "역사적으로 결정된 사회관계들의 Ensemble"이며 인간 사회는 토대(Base)와 상부구조(superstructure)의 복잡한 변증법적 상호작용을 통해 HB와 사회 전체 모두에 공통의 특징인 서로 동맹을 맺고 있는 Hegemonic 관계(Hegemonic relationship with one's allies)에 있다고 보는 것이다. 이때 헤게모니는 이데올로기의 조절자(Regulator or Ordinator)로서 기능하며, 시민사회와 국가를 연결하는 접착제(cement)이자 해당 사회에게 방향과 동력을 제공하는 중요한 Mechanism이 된다. 한편 네오 그램시언의 역사적 블록(Neo-Gramscian Historical Bloc)이란 국가의 헤게모니가 아닌 특정 계급 분파 즉 자본가 그룹과 그 동맹층을 말하는 것으로 그들은 지리적 제약 없이 Global Leadership을 가지고 있는 그룹을 말한다. 그 그룹은 국경을 초월하는 다양한 경제 정치적 제 세력이며 가장 핵심은 초국적자본가 계급(Transnational Capitalist Class)이며 Global Bloc이라 볼 수 있다. 보다 구체적으로 본다면 초국적 기업의 오너들과 관리자들, 민간 금융기관들, the Cadre, bureaucratic managers, technicians in Transnational state, IMF, World Bank, WTO 핵심 관리자, 기타 초국적 Forum관리자, 선후진국 국가 관리자, 정치가들, 카리스마를 가진 공적 인물, 영향력 있는 인텔리, 고액 봉급자, Cosmopolitan Professionals 등을 말한다. - William I. Robinson(2005)

　　　　　남북 경제협력의 새 비전과 과제 : 남한식 헤게모니 모색

가 중심 논의와 계급 중심 논의로 양분해서 살펴볼 수 있겠지만, 계급 개념의 헤게모니도 그 발휘 과정은 결국 국가 단위로 표현되는 것으로 볼 수 있기 때문에 양자 간 구분해서 각기 별도로 분석하는 것보다 통합해서 해석하는 것이 편리하다. 다만 유의할 점은 Neo-Gramscian들의 헤게모니 개념은 헤게모니의 초국적화를 다루고 있으며 국가와 국가 사이에 초국가 계급분파가 글로벌 자본주의체제 속에 중요한 역할을 담당하고 있고 개별 국가들을 포섭하여 지배 그룹으로 부상하여 초국가적 통합, 국제적 연대, 혹은 국제적 이해 충돌을 야기한다는 점에서 사회 운동가들에게 강한 함의를 가진다는 것이다.

3) 축적 전략과 헤게모니 작업(Hegemonic Project)

일반적으로 자본주의 전개과정은 자본논리를 기초로 한 자본 축적과 자본순환이 진행되는 것은 사실이지만, 그 진행과정이 획일적이고 통일된 모습을 보이는 것은 아니고 내부적으로 그리고 자본 분파 간에 다양한 변이가 있다는 것은 널리 인정되고 있다. 따라서 국가 단위 다양한 축적 패턴을 파악하기 위해서 원론적 입자에서 자본논리와 일반 경제 법칙의 틀 속에서 특정 자본 축적 패턴을 규정하려는 노력은 나름대로 유익한 접근이라고 할 수 있지만 너무 기계적인 접근이며, 내용에 집착하여 구체적 형식을 경시하는 약점에 노출될 가능성이 있다. 현실적으로 존재하는 다양한 자본 축적의 형태를 보다 실용적으로 파악하는 방법은 구체적으로 해당 자본의 **축적 전략**(Accumulation Strategy)을 살펴보는 것이다.[3] 여기서 말하는 축적 전략이란 간단히 국가 혹은 사회구성체의 경제 성장 내지 경제 발전 모델과 관련시켜 이해할 수 있다.

이런 관점에서 Jessop이 역사적 사례로 지적한 다양한 축적 전략 모델들은 1945년 전의 독일의 파시스트 축적 전략, 1945년 이후 사회적 시장주의에 입각한 독일 모델, 1945년 전의 일본의 대동아 공영권 구호 아래 부국강병 전략, 1945년 이후는 일본식 수출 주도 경제 성장 전략(평화 헌법과 국가 비호 아래 있는 금융자본 트러스트의 방패막으로 수행된 수출 주도 전략), 영국 모델(1945년 이후 산업자본을 복속시켜 London 금융권 이해를 중심으로 국제 경제 지배를 회복하려는 영국 은행자본 전략), 프랑스 모델(지표형-indicative 기획과 현대화 전략), 남미 중심의 수입대체 전략, 남한과 대만의 수출 주도 성장 모델 등이 있는데, 그중에서도 가장 세계적으로 강력한 영향력을 행사한 축척 전략은 미국이 견인한 Fordism(대량 생산 대량 소비 축적 전략)과 신자유주의 축적 전략(규제 완화와 기업 친화적 그리고 주로 다국적 기업과 금융자본이해가 관철되는 전략)이라고 할 수 있다.

기본적으로 축적 전략이 성공하기 위해서는 자본순환의 원활한 통합이 전제되어야 하고 이를 위한 지배층 내부의 견고한 지지는 물론 피지배층의 수긍과 동의가 관건이 될 것이다. 이런 관점에서 **헤게모니 작업**(Hegemonic Project)이 중요하게 된다. 헤게모니 작업이란 소박한 표현으로 자본주의하의 국가나 지배층이 자본지배를 유지하고 조정하기 위해 수행하는 작업을 말하는 것으로 주로 지배층의 이해와

---

3   Bob Jessop(1983), pp. 89-111.

구성체의 종합이해(General Interest) 간에 생기는 갈등을 중재하거나 해결하는 목적을 가지고 있다. 만약 헤게모니 작업과 축적 전략이 상호 중첩되거나 일치한다면 양자 관계가 서로 도움이 되지만 그렇지 못한 경우 헤게모니 위기 혹은 축적 전략의 실패로 이어질 수 있다.[4]

유의할 점은 양자 간에는 중요한 포인트에서 차이가 존재한다는 점이다. 즉 축적 전략은 경제 관계, 주로 생산관계에 초점을 두고 있으며 계급, 세력 간에 균형에 관련된 것으로, 국내를 넘어 국제적 경제 영역의 확장에 깊이 관련이 된다고 할 수 있는데 반하여, 헤게모니 작업은 경제 관계뿐만 아니라 비경제 분야인 시민 사회 분야와 국가 영역(군사 부분, 사회 개혁, 정치 안정, 사회 Moral 등)에 기반을 두고 있다는 점이다.

따라서 헤게모니 작업은 관련 모든 세력 간의 균형에 책임을 지고 있으며, 국가적 인기(National-popular)를 기반으로 하고 계급 관계에 관여하는 것은 아니다. 물론 축적 전략이 반드시 헤게모니 작업을 필요로 하는 것은 아니지만, 양자의 중첩 내지 일치는 축적 전략의 안정성과 성공에 크게 기여할 가능성이 높다고 할 수 있다.

2. 세계체제(전환)론

이미 살펴본 바와 같이 세계체제라는 용어를 최초로 확립시킨 사람은 월러스타인(Immanuel Wallerstein)으로 엄밀한 의미로는 자본주의 세계체제(The Capitalist World System)를 지칭하고 있다. 그에 의하면

---

4 Bob Jessop(1983), pp. 100-111.

자본주의 세계체제는 이미 15세기 유럽이 중심이 되어 생성시킨 것으로 19세기에 이르러 전 지구를 망라해 완성한 체제로서 이 체제의 주요 핵심구조는 세계의 각 지역을 3가지 지역축으로 분류하고 있다. 즉 지리적 기반으로 한 3가지 위계적 층이 존재하는데, 첫째는 핵심지역(Core)으로 서유럽과 북미, 그리고 일본이 이에 속하고 이 지역은 지구상에서 가장 발전된 나라들로 구성되어 있다. 둘째는 주변지역(The Periphery)이며 이 지역은 강제적으로 핵심지역에 의해 식민지화 내지 다른 강압적 수단으로 복속되어 있는 지역으로서 라틴 아메리카, 아프리카 아시아, 중동, 동유럽이 대표적이다. 이러한 양대 축 사이에 세 번째 지역이 존재하는데 이른바 준 주변지역(The Semi-Periphery)이다. 이 지역은 한때 핵심지역에 있다가 추락한 나라들과 과거 주변지역에서부터 지위 상승한 나라들로 구성함으로써 경제적 위계의 변동성과 동학적 성격을 잘 반영하고 있다. 이상의 각 지역은 국제분업 틀 내에서 특별한 기능적 역할을 담당하는데, 이 경우 국제분업 구조는 착취와 불평등을 재생산하는 특성을 갖고 있다고 보고 있다.

월러스타인이 말하는 세계체제의 특징은 개별 자본주의 연합으로서 세계체제가 아니라 자본주의적 단 하나로 편입된 세계 자본주의 체제를 말하는 것으로 나라별 시장과 생산의 수많은 네트워크가 아닌, 국제분업과 교역으로 통합된 하나의 체제를 의미하고 있다. 두 번째로 그가 말하는 세계체제의 유지와 재생산에는 국가 간 체제(Inter-State System)와 국가 간 Rivalry가 중심적 비중을 가지며 서로 내재적으로 관련을 맺고 있다고 보고 있다. 세 번째로 그의 세계체제에는 일국시스템이나 단일 국가의 초월적 지위를 인정하지 않고 있다.

이 부분이 후술하는 세계체제론의 유력한 분석틀인 헤게모니 이론과는 명확히 다른 점이다. 마지막으로 그가 세계체제에 특징에 부가하는 점은 세계체제에 구조적으로 불변인 것이 존재하는데 그것은 주기적으로 성장과 공항이 나타나며 한편으로 전체 체제를 둘러싼 헤게모니 쟁탈전이 치열하게 전개되며 다른 한편으로 기존 체제에 항거하는 반대 세력(Anti-Systemic Forces)이 나타난다는 것이다.

20세기 말부터 21세기에 들어와 세계체제론은 이론적으로 다수의 비판을 받았고 현실적으로 설득력을 많이 상실하게 되었는데, 그 대표적 이유로는 세계체제론에서 상대적으로 등한시되었던 국가의 역할이 복권되어야 할 필요성이 제기되었고 체제를 지탱하는 국제분업의 기본 구조가 결코 불변적일 수 없다는 점, 그리고 현상적으로 세계경제의 새로운 현상인 글로벌화(Globalization)이라는 특수한 국면이 전개되었기 때문이었다. 즉 수많은 국가 간 다자 경제협정(FTA)과 EU 같은 경제 연합의 확장 그리고 다국적 자본 간 제휴와 연합 그리고 세계적 범위로 진출, 일부 개도국이 세계체제의 틀을 깨고 공업 선진 대열에 진입하는 글로벌 현상을 보여 주었기 때문이었다.

이러한 비판에 대하여 월러스타인의 반론은 그것은 단지 세계체제의 특수 국면인 전환의 시기(A moment of transformation)로 볼 수 있으며 그것은 자신이 주장하는 세계체제 내부의 (과도기적) 피할 수 없는 치명적 공항(A terminal crisis) 국면으로 진입한 것이라고 규정하면서 이러한 과도기는 대개 2050년까지 종식될 것이라고 주장하였다.[5]

---

5 Immanuel Wallerstein(2000), pp. 251-267.

이하에서 월러스타인의 주장하는 세계체제의 전환[6]의 배경과 함께 전환의 구체적 내용을 지역별로 구분하여 보다 자세히 정리해 보고 이들과 남한 경제 발전과의 관계를 요점별로 검토해 보기로 하자.

1) 세계체제 전환의 주요 배경

월러스타인(1980)에 의하면 20세기 말 나타난 체제 전환의 배경은 세계경제의 침체기와 20~30년마다 주기적으로 나타나는 자본주의 경제 순환에서 필연적으로 나타난 현상이며 결정적 원인은 이 시기 상대적으로 쇠퇴한 미국의 헤게모니[7] 하락에 기인한 것이라고 보았다. 그에 의하면 미국의 헤게모니는 1960년대 초 특히 케네디 정부 당시 미국의 헤게모니는 성숙기라고 볼 수 있으며 뉴프런티어(New Frontier) 정책 아래 평화 봉사단(The peace corps), 민권(civil rights)운동, Apollo 11 mission, 쿠바 미사일 사태(Cuban Missile crisis) 극복 등에서 그 특징이 현저하게 나타났다.

이러한 미국의 성숙한 헤게모니는 1967-1968년의 월남전 패배를 계기로 크게 흔들렸으며 내부적으로 반전 반징집운동의 격화로 군사적 입지가 크게 줄어들었다. 이러한 미국의 월남전 패배는 곧 베트남의

---

6 Immanuel Wallerstein(1980), pp. 119-131.
7 월러스타인(1980)은 자신의 이론구성인 세계체제론을 설명하기 이 용어를 사용하였다. 그가 정의하는 헤게모니란, 농업, 산업, 금융 분야에 걸친 지배적(Dominant) 지위의 결과물로 생긴 것으로 그 작동은 글로벌 게임 룰을 만드는 단독적 역량(unilateral ability)으로 그것의 작동이 시작된다고 정의하였다. 하지만 이 용어는 논자들의 필요에 따라 다소 다르게 정의되는 경향이 있는 논란이 많은 용어이며 특히 정치적, 군사적 측면에서 사용할 경우 월러스타인과는 다른 개념으로 설명하는 경우가 많다. 우리는 이 용어가 사용될 때마다 논자들마다 각자 그 의미가 다르다는 점을 유의해야 한다.

남북 경제협력의 새 비전과 과제 : 남한식 헤게모니 모색

민족해방운동의 승리 곧 베트남의 남북 통일로 이어져 마침내 아무리 작은 소국이라도 세계체제 안에서 가장 견고한 헤게모니를 가졌던 강대국의 군사력을 무력화시킬 수 있다는 역사적 교훈을 각인하게 되었다. 동시에 세계체제 아래 반세계체제적 세력의 도전이 승리할 수 있다는 사실이 증명된 것이다.

이러한 베트남 전쟁은 한국 사회 내 다방면에 큰 영향을 미쳤다. 예컨대 한-미 동맹의 해석에 관한 재인식은 물론, 한국의 군사, 국제정치적 차원을 한 단계 높이는 계기가 되었을 뿐만 아니라 남한 정치사에 길이 남을 유신체제라는 괴물을 탄생시켰으며 동시에 남한의 경제 발전에도 큰 영향을 미쳤다. 1964년부터 1972년 최종 철군까지 한국군의 대규모 해외 참전은 파월 미군 수준 다음으로 많은 31만여 명의 파병 규모와 20만 명에 이르는 기술자와 용역업체, 군수 산업과 건설 분야의 해외 활동은 유사 이래 최대 규모였을 뿐만 아니라 파병된 군대의 수송과 물류 병참 그리고 관련된 건설 부문의 진출은 1970년대 이른바 중동 건설 특수의 전초전이 되었다.[8] 동시에 베트남 파병을 계기로 1966년 한국 내 KIST(Korea Institution of Science and Technology)라는 과학기술 분야 종합 연구기관이 최초로 설립되었고 M16 소총을 포함하여 각종 병기와 병참의 현대화가 추진되었다. 이와 같이 베트남 특수의 효과 그리고 이 시기에 미국과의 군사·경제적 유대의 강화는 1970년대 한국 경제의 차관경제로의 원활을 가능케 하는 데 일조하였으며[9] 베트남 특수로 벌어들이는 외화 규모도 상당하여 1966

---

8 권영배(1996), pp. 4-6.
9 권영배 앞의 논문, pp. 5.

년부터 1972년까지 베트남으로부터 발생한 무역외수지는 전체 무역외수지의 22.8%를 차지하였고 베트남에서의 재화 및 용역 수입(收入)은 동년도 전체 재화 및 용역 수입의 평균 무역외수지 흑자의 76.1%를 차지하였다.[10]

이상과 같은 베트남 특수의 결과로 대외 신인도는 제고되어 대외 차관이 보다 용이하게 되었으며 이것은 곧 1970년대 의욕적으로 추진했던 중화학공업화 전략이 성공하게 된 밑거름이 되기도 하였다.

두 번째 배경은 1970년대 이후 닉슨 정부에 들어와 미국 경제는 경제 불황이 심화되어 국제 경쟁력 약화, 경제성장율 저하, 세계 시장에서 점유율이 크게 저하되어 일본과 서유럽이 미국의 국제경쟁력을 추월하게 되었다. 또한 인플레이션과 실업률의 상승, 연구 개발비 지출도 감소하고, 드디어 1971년 미 달러의 금태환정지를 기점으로 미국의 경제적 헤게모니는 급격하게 하락하였다. 이 시기에 세계적 경기 침체 현상을 타개하기 위해 미국을 비롯한 선진 자본이 대규모로 해외 진출을 추진하여 세계적 규모로 자본의 국제화가 진행되었는데, 이런 선진국의 자본 국제화 전개와 함께 이른바 신흥공업국들이 출현했고, 두 차례 오일쇼크를 통해 중동의 산유국들의 지위가 상승되어 세계체제는 또 한번의 전환국면에 들어선 것이다.

이 전환국면에 미국 일변도의 헤게모니는 약화되고 그 자리에 일본과 서구의 입지가 상승되는 한편 한국을 비롯한 일군의 개도국의 국제분업상 지위가 상승하여 세계체제는 다극화되기 시작하였다. 이 시기 이후부터 종래의 세계체제의 핵심 이슈였던 중심-주변 관계는 다

---

10 권영배 앞의 논문, pp. 41-43.

소 퇴색하고 이른바 신흥공업국 탄생과 중심의 역할 그리고 특별 관계인 중동 산유국들의 지위 상승과 관련된 논의가 중요하게 되었는데, 이 부분은 향후 분석과 관련되어 중요하기 때문에 별도의 공간으로 추가적인 설명이 필요하다.

2) 신흥공업국들의 등장: 다국적 선진 자본들의 제조업 부문 헤게모니와 남한 경제

1970년대 이후 신흥공업국들의 부상과 관련하여 한국과 대만 등과 브라질을 포함한 일군의 국가들이 선택한 공업화 전략은 이런 세계적으로 진행된 선진 자본의 국제화에 힘 얻은 결과로 볼 수 있다. 이것을 신국제분업(New International Division of Labor: NIDL)이라고 부르며 관련된 논의를 신국제분업론으로 명명되었다. 세계체제론의 전환 국면을 국제분업의 전환으로 논증한 이 이론은 한국과 대만 등, 이 시기의 아시아 신흥공업국의 공업화 과정과 내용을 분석하는 중요한 단서가 되기도 하였다.[11] 특히 대만과 남한은 외국 자본 전용 수출가공구(Export processing zone)나 해외 수출 공단을 설치 운용하여 일부 수출 산업을 집중 육성하여 이른바 수출 주도 경제 발전 전략을 채택하여 결과적으로 압축 경제 성장에 성공하게 되었다. 이것은 곧 종전에 주변국 위치에 있었던 이들 국가들이 준 주변국으로 지위 상승을 의미하였으며 구래의 남-북 문제에 이어 새로운 남-남 문제가 부가된 것을 의미하였다. 이 부분은 한반도 경제 상황과 관련하여 중요한 분

---

11 Folker Froebel, et, al(1980)과 임종운(2001), pp. 70-84, 본서 III장 5절 참조

기점을 마련한 일대 중요한 계기가 되어 마침내 남한의 수출 주도 개방 경제가 마침내 북한의 스탈린주의적 주체 경제를 앞서게 되는 발판을 마련하게 된 것으로 평가할 수 있다.

3) 산유국들의 지위 상승: 미국의 국제 금융부문의 헤게모니 전략

1970년대 세계체제의 전환에 또 하나의 계기는 원유수출국 기구(Organization of Oil Exporting Countries: OPEC)로 대표되는 산유국들의 지위 향상이었다. 1973년과 1979년을 피크로 두 번이나 불어닥친 오일쇼크는 원유수출국들이 수출 카르텔을 만들어 집단적으로 원유 수출금지를 결정함으로써 전대미문의 원유가격의 상승을 초래하였다. 1973년 제1차 오일쇼크는 이전 가격(배럴당 US$3)의 300%가 되는 배럴당 US$12로 치솟았으며 1979년 제2차 오일쇼크 시기엔 종전 가격의 두 배가 되어 배럴당 US$39. 50으로 급증하였다.

이러한 두 차례의 원유가격 급상승의 주요 원인은 중동사태(아랍과 이스라엘 간의 전쟁과 이란혁명)를 둘러싼 해묵은 정치 종교적 지역 분쟁으로 발생된 것이었지만 경제적으로 볼 때 범 세계적으로 진행된 선진국들의 해외 생산의 급증으로 야기된 에너지 과잉 수요가 있었고 중동국가들이 이것을 전략적으로 이용한 것이었다. 중심국들 간 치열한 경쟁 심화와 과잉 생산체제는 중심국들 스스로 헤게모니를 약화시켰고, 산유국들은 이를 이용했던 것이다. 그러나 OPEC의 유가 급상승 전략에 대한 중심국들의 조직적 반발은 일어나지 못하였는데, 이것을 두고 월러스타인은 미국의 암묵적 승인 내지 일종의 공모가 있었다고

주장하면서 이것이 2차에 걸친 원유가격 급상승에 대한 두 번째 이유라는 것이다.[12]

　윌러스타인의 주장에 의할 때 OPEC의 세계원유 시장 점유율은 56% 정도이고 많은 미국 석유 메이저 기업들과 OPEC와는 생산 유통 부문에 걸쳐 깊은 경제 유대를 가지고 있었기 때문에 그들 간의 공모는 가능한 일이었다. 공모에 대한 보다 구체적 증거는 없지만 유가 급상승은 OPEC과 미국에게 단기적으로 상대적 유리한 측면이 있었다. 즉 그것은 첫째 서유럽과 일본은 미국보다 OPEC에 의존하는 비중이 압도적으로 높기 때문에 이를 계기로 미국 자본은 상대적으로 경쟁력을 더 가질 수 있다는 점이고, 두 번째로 절대적인 유리한 점이 있는데 그것은 미국이 사우디 아라비아 등 중동 왕족들이 벌어들이는 막대한 오일 머니를 유치하고 그들을 위한 금융자산 운용가치를 창출할 수 있는 유일한 나라라는 것이다. 이 시기와 맞물려 미국은 신자유주의적 정책 기조 아래 전통적인 제조업 분야를 너머 국제 금융자본으로 헤게모니를 확대시킨 것은 결코 우연이라고 볼 수 없었다.

　유가가 급등한 이 시기에 각국이 추진한 자원 Nationalism, 에너지 절약 장치와 신 에너지 지원 정책 등에도 미국 자본은 상대적으로 유리하였을 뿐만 아니라 가장 걱정스러운 세계적 인플레이션 문제도 미국에게 상대적으로 유리하였다. 왜냐하면 인플레이션은 세계적으로 볼 때 고임금체제인 미국의 실질임금을 하락시켜 미국 자본의 잉여가 상대적으로 증가되는 재 배분 효과가 있기 때문이다.

　전례 없는 유가 상승으로 천정부지의 달러를 보유하게 된 산유국들

12　Immanuel Wallerstein(1980), pp. 123.

은 이것을 바탕으로 다양한 건설 프로젝트를 추진하여 기간 산업 육성과 사회 간접 자본투자를 진행하게 되는데, 이 기회를 잘 이용한 남한은 대규모 건설 수출로 활황을 누렸다. 이른바 중동 건설 붐이 발생하여 남한 경제는 또 하나의 계기를 맞이하게 된 것이다.

　1973년 제1차 오일쇼크 이후 그동안 100% 중동 산유국으로부터 수입에 의존하던 남한은 당시 원유 수입대금이 3억 5천만 달러였는데 이듬해 1974년 원유 도입금액은 무려 11억 8천만 달러 이르는 엄청난 금액을 지불해야 했다. 당시 대외 지불 준비금의 여유분이 충분치 않았던 남한 정부는 민간 건설업체에게 전례 없는 특혜를 제공하여 중동 건설 프로젝트에 진출하도록 돕게 되었다. 예컨대, 중동 진출 기업들에게 국내 세제상의 감면 정책은 물론 해외수주에 없어서는 안 될 입찰 보증금과 이행 보증금까지 정부가 직접 보증하는 초유의 지원을 하기에 이른다. 이 시기 삼환기업, 현대건설, 대림건설, 동아건설 등 굴지의 국내 건설업체를 포함하여 32개사의 기업이 중동 건설 현장에 진출하여 1977년 당시 해외 파견 노동자수가 무려 17만 명에 달하는 수준이 되었다. 그 결과 1974년 해외수주 금액이 2억 6천만 달러 이던 것이 1977년에는 100억 달러에 이르러 국가 예산의 약 25%를 점하는 실적을 보이기도 하였다.

　제1차 석유 쇼크 직후인 1974년부터 유가 하락으로 그 막을 내린 1980년대 후반까지 이른바 중동 특수는 남한 경제 발전에 큰 계기를 마련하였다. 막대한 외화유입으로 우선 두 차례 오일쇼크를 안정화시켰을 뿐만 아니라 국내 건설사들의 건설 노하우 습득, 국내 실업률의 저감, 산유국들과 유대 관계 증진, 건설 기자재 국산화 및 그와 관련된 전후방 연관효과 등으로 남한 경제가 일대 도약하는 계기를 마련하였지만 동시에 국내 임금의 상승과 물가 상승 등을 감내해야 했다. 1970년대 세계적 인플레이션과 불황 속에서 고전하던 남한 경제는 남한 자체가 만들어 낸 중동 특수로 인해 주변국 수준에서 중동지역의 건설 서비스 부문까지 진출함으로써 세계체제 내 지위를 준 주변 위치 이상으로 격상시키는 계기가 된 것이다.[13]

4) 중국의 개방과 유럽연합(EU)의 확장: 선진국 자본들의 헤게모니 각축

전술한 바와 같이 1970년대 이르러 미국의 헤게모니는 상대적으로 하락하여 글로벌 파워로서 위치가 압도적 위치에 서지 못하게 됨으로써 국가 간 특히 서구선진국들과 관계가 재조정될 필요가 있었다. 1970년대 미국 정책 입안자들을 곤혹스럽게 한 것은 과거 냉전의 유산인 동-서 이슈가 아니고, 대 개발도상국과의 관계인 남-북 이슈도 아닌 북-북 문제, 즉 이미 미국의 국제 경쟁력을 추월한 서구와 일본과의 갈등을 어떻게 해소하여 헤게모니를 계속 유지할 것인가 하는 문제였다.

이를 대표적으로 반영한 것이 국제 통화체제의 혁신이었다. 1971년 닉슨 독트린에 의해 미 달러의 금태환을 중지하고 기존의 미 달러

---

13 남한의 중동 건설 진출을 두고 일부 발전론 학자는 삼환절론을 내세워 그 성격을 규정하였다. 즉 남한 수출경제의 축은 3개의 고리로 이루어져 있는데, 제1고리는 북미를 비롯한 대 선진국 고리로 신흥공업국 국제분업 형태를 유지하고 두 번째 고리는 일본과의 고리로서 원자재와 기술을 의존하는 종속적 국제분업 형태를 유지하고 마지막으로 중동과의 고리는 원유를 수입하고 건설 서비스를 수출하는 아 제국주의(sub-imperialism) 국제분업 형태를 가지고 있다고 분석하였다. - 스기하라 카오루 지음, 박기주 옮김(2002).

기준 고정 환율체제인 브레튼우드체제를 종식시키고 1976년 변동 환율체제(킹스턴체제)로 전환된 새로운 국제통화제도를 마련하였다. 이 체제로 인해 미국 달러는 금태환 의무에서 벗어나고 자유로운 통화정책이 가능하게 되었다. 비록, 이 시기 이후 각국은 종전의 대외준비 자산에서 압도적 비중으로 보유하였던 달러의 비중을 대폭 낮추고 SDR(Special Drawing Right)와 금, 그리고 외환시장에서 거래되는 다른 교환성 통화들로 구성하였지만 대부분의 나라들이 달러 가치에 연동하고 있었기 때문에 미 달러는 여전히 기축 통화의 위치를 고수하게 되었다.

또한 미국은 자국 산업의 국제 경쟁력을 제고하기 위해 이미 표준화된 기술로 생산되는 구 산업 시설을 저임금 저수지가 있는 남한과 대만 등 일부 준 주변국으로 그리고 중국과 같은 일부 사회주의국으로 옮기는 정책을 실시하였다. 이런 맥락으로 상기 언급한 아시아 신흥공업국의 탄생, 1972년 닉슨의 중국 방문, 1973년 상호 연락사무소 설치, 그리고 마침내 1979년 미중 국교 정상화가 실현되었다.

이것은 또한 미국 국제경쟁력 회복을 위해 사실상의 냉전체제를 폐기함과 동시에 사회주의 중국과 경제 관계를 심화시켜 사회주의 종주국 소련을 고립시키는 전략을 구상한 것이기도 하지만 공산주의 중국과 관계 정상화를 추구함으로써 미국이 전통적으로 주도해 온 반공산주의 전선인 NATO(North Atlantic Treaty Organization)의 설립 이데올로기가 무색하게 되는 역설적 결과를 초래하고 말았다. 이런 의미에서 미중 국교 정상화는 결과적으로 유럽경제 공동체(EC)의 결속과 후속 발전을 추동한 것으로 볼 수 있다.

그 뒤 심화된 미국과 중국의 경제적 결속은 결국 잠자던 중국의 생산력을 깨워 전례가 없었던 사회주의 시장경제의 약진을 마련하는 단초를 제공한 셈인데, 이 과정에서 일본과 서구는 각자 도생의 길을 선택하여 일본은 재빨리 미국에 앞서 중국과 관계 정상화 길을 선택하고(1972.9) 서유럽은 소련과의 관계 개선의 길로 들어서게 되었다.

남한도 이런 국제 정세에 맞추어 1992년 중국과 수교하고 과거 적대적 관계를 청산하고 중요한 경제 파트로 관계로 전환하여 오늘에 이르렀다. 중국은 현재 남한의 최대 교역국이자 최대 직접 투자국, 한때 최대 무역 흑자국이 되어 남한의 핵심 경제 파트너 국가가 된 것인데, 북한 역시 중국이 최대 교역국이자 체제, 안보를 보장받는 핵심 국가이다 보니 남한과 북한 모두 중국의 영향력을 가장 많이 받는 처지가 되었다.

미국의 입장에서 세계체제의 전환으로 미국이 중국을 경제 파트너로 인식 전환을 한 것은 단기적으로 국내 인플레이션과 국제 경쟁력 제고에는 효과적이었지만 실업과 대규모 무역수지 적자 등 대가도 적지 않았다. 아울러 헤게모니 측면에서 중국의 경제적 군사적 지위를 상승시킨 결과가 되어 미국의 헤게모니에 가장 도전적 세력을 키운 결과가 된 것은 아이러니가 된 것으로 평가할 수 있다.

아울러 남한의 경우에도 중국의 부상은 양날의 칼이 되어 가장 큰 이슈가 되고 말았다. 즉 남한의 대북 정책에서 마땅히 집중해야 할 남북의 자체 역량에 집착할수록 중국이라는 거대 외세를 더 고려해야 하는 모순을 안고 있는 것이다. 이 부분은 이어지는 IV장에서 보다 구체적으로 살펴보기로 하고, 여기서는 우선 전체 맥락에 이어 세계체제의 전환에 큰 축을 담당한 서유럽과 소련과의 관계발전, 그리고 우리의 관심사인 유럽연합과 독일 통일 그리고 독일이 유럽연합에서 발휘하는 헤게모니를 중점적으로 살펴봄으로써 향후 남북 경제 관계의 발전 전략에 대한 일정한 시사점을 검토해 보기로 하겠다.

5) 서구 자본주의와 소련과의 협력 관계: 독일 통일과 유럽연합(EU) 내 독일의 헤게모니

미국의 헤게모니가 성숙기에 있었던 시기에도 중·소의 도움을 받은 약소국 북베트남이 1975년 남베트남을 무력으로 통일한 것과는 달리 서독은 미-소 중심의 군사적 헤게모니 속에서 전쟁을 통하지 않고 평화적 방법으로 통일을 이룬 전례 없는 나라가 되었다. 이런 배경에는 서유럽과 소련의 우호적 협력 관계가 결정적이었고 서독의 사민당과 기민당의 일관된 정책이 통일정책의 실현을 가능케 한 원동력이 되었다.[14] 정치와 경제적으로 볼 때 당시 소련과 서유럽은 서로 주고받을 것이 많았다.

---

14 독일 통일 과정에서 서독의 지배 정당체인 사민당(SPD)과 기민련(CDU/CSU)의 역할이 매우 컸다. 잘 알려져 있듯이 사민당 정권 시절(1969-1982) 브란트는 동방정책을 개시하고 독일 통일로 향한 정책의 기초를 놓았다. 기민련(기민/기사)은 전통적으로 공산주의와 대화 자체를 거부하는 정책 기조를 유지하고 있었는데 사민당은 이를 극복하고 소련과 폴란드 등과 동방조약을 체결하고 전승 4개국과의 베를린 협정을 체결하였으며 동독과는 기본조약을 조인하는 등, 당시 엄격한 미-소의 냉전 국면을 벗어나 탈 냉전 동방정책을 수립 실천하였다. 이러한 사민당의 노력은 아이러니하게 반대 정당의 기민련의 콜 수상 시절(1982-1990)에 결실을 맺어 마침내 분단 45년(1945-1990) 만에 평화적인 통일을 성취하였다. 그 과정은 결코 순탄한 길은 아니었지만 독일이 헤게모니를 발휘하던 서유럽과 개방 개혁 국면의 소련이 서로 협력하고 동독 정당은 서독 지배정당에 통합되어 서독에 동독이 편입되는 흡수통일을 이룩하였다. - 정주신 (2012).

먼저 서유럽 측에서는 미국과 일본의 중국과의 경제협력 강화는 더이상 냉전체제가 경제를 제약하는 것이 아니라는 것이었고 미국과 일본이 중국과 아시아의 시장과 저임금 저수지를 이용하는 것과 마찬가지로 소련과 동구의 저임금 저수지를 이용하는 것이 가능한 것이었다.

소련의 입장에서도 서유럽은 군사 관계에 얽매이지 않고 협조할 요인이 많았다. 소련의 에너지 수출 시장으로 서유럽은 구미가 당기는 지역이고 산업 발전에 근간을 이루는 산업 설비 기자재를 수입할 수 있는 최적의 지역이었다. 안보 군사적 측면에서도 사회주의체제 맹주를 둘러싸고 갈등하고 경쟁하는 상대인 중국이 미국과 구조적 협력 관계로 발전하는 상황에서 서유럽을 자신의 협력 세력으로 포섭한 것은 꼭 필요한 일이었다. 더구나 소련은 서구와 협력하여 중동과의 경제와 안보문제를 한꺼번에 해결할 속셈도 있었다. 소련 내 존재하는 무시할 수 없는 중앙 아시아 무슬림 세력의 내부 위험을 의식해야 하는 소련으로서는 유럽을 경유하여 이스라엘과 미국과 갈등을 겪고 있는 시리아 등 중동 일부 국들을 관리할 필요가 있었던 것이다.

잘 알려져 있듯이 이러한 소련과 서유럽의 협력 관계는 마침내 EU 탄생과 그 확대로 발전하였는데 그 과정에 통일 전후의 독일이 결정적인 역할을 담당하였다. 이 점은 한반도를 둘러싼 외세에 대한 전략적 이해에 관한 문제와 이미 괄목할 만한 경제 발전을 이룬 남한이 어떻게 한반도 평화 프로세스와 남북 경제협력에 주도적인 역할을 할 것인가에 대한 귀중한 참고자료가 될 수 있기에 우리의 특별한 관심을 끌고 있다.

먼저 서독이 통일 전후에 발휘한 경제 헤게모니를 살펴봄으로써 이것이 남한의 통일전략에 주는 시사점을 정리해 보기로 하자. 2차대전 패전 후 서독 사회는 전전의 파시즘체제가 결과적으로 독일 자본주의의 결과물로 인식하고 전후 서독의 자본주의를 이른바 사회적 시장주의(social market economy)[15]로 전환하여 과거 나치즘의 청산과 탈 군사화, 분권화, 독점해체와 민주화가 추진되었다. 이것은 얄타회담 이후 전승 동맹국들이 강제한 것이기도 하였기 때문에 국내외적 동의를 쉽게 얻을 수 있는 정책이었다. 특히 독점해체와 분권화 조치는 파시즘과 자본의 연결 고리를 차단하는 것으로 대중 다수를 위한 반독점 반파쇼 경제적 민주화를 지향하는 것으로 볼 수 있고 동시에 자본들을 비록 시장이 제한되어 있지만 여전히 미국식 자유주의 경제를 추진하기 때문에 큰 반발 없이 자연스럽게 전후 서독 자본주의의 방향이 된 것이다.

그러나 이러한 정책 기조가 서독 자본의 내재적 자본 욕구(확대 재생산을 통한 자본의 집적과 축척의 욕구)를 제한한 것이 아니라 오히려 촉진한 결과로 나타난 것은 일종의 아이러니라 할 수 있었다. 즉 서독 자본은 제한된 국내 시장을 돌파하기 위한 새로운 자본 전략이 필요하게 되었고 그것은 과감한 국제화 전략이었다. 그것은 냉전 시대 미국 자본이 주도하는 세계 자본주의 질서 속에서 서유럽의 전후 경

---

15 사회적 시장주의는 자본주의 시장경제의 폐해를 개선하기 위해 경제의 사회적 책무를 연결시키는 온건한 개혁적 자유주의 사상을 가지고 있다. 이것은 역사적으로 질서를 통한 자유를 주장하는 독일 프라이부르그 학파의 정신이기도 하였다. 이것은 자유방임정책이 가져오는 자기 파괴적 경향을 비판하며 국가의 독점규제 정책, 통화 공급통제, 시장질서 회복정책 등을 주요 골자로 하고 있다. 대표자들은 W. Euken, Boehm Bawerk, Mueler Armack, Roepke 등이며 2차대전 후에는 Dudwig Erhard에 의해 본격적으로 서독 정책으로 추진되었다.

제 회복과 서독의 경제 부흥을 원했던 미국 자본과 이해가 일치한 것으로 서독 자본은 자연스럽게 미국과 상호 의존정책을 펴면서 반공산주의 대열에서 서서 독일의 자본주의 부활을 도모하였다.

이러한 서독의 자본의 국제화 전략은 수출 주도 경제 발전 전략으로 추진되어 국내 완전고용과 사회복지 문제보다 전후 독일 경제 부흥과 자본 축적과 안정적인 국제수지의 관리를 우선으로 두고 국가는 과감한 수출금융지원과 보조금 지급으로 자본의 국제경쟁력을 제고하는 정책을 실시하였다. 당시 특기할 만한 점은 과거 독일의 수출 시장이 동유럽과 남유럽에 치중되었던 것과는 다르게 전후 서독의 수출 시장은 북미와 서유럽이 중심이 되어 미국과 서유럽의 여타 선진 자본들과 치열한 경쟁을 감당해야 했던 것인데, 이 과정 중에 필연적으로 전전의 전문가들을 대거 복직시키고 자본의 독점과 과점을 허용하는 한편 국가의 역할이 증가된 것으로 평가된다.[16]

따라서 과거의 전범들은 경제 기적의 영웅으로 변했고 거대 은행의 통합과 석탄과 공업 등에서 카르텔이 형성되고 과거의 거대 기업들이었던 지멘스, AEG와 후발업체인 Grundig 등이 전자 전기 업계의 독점을 형성하였다.

한편 이러한 산업계의 독과점 체제에 맞서야 할 서독의 노동계는 전

---

16 이 시기 서독의 정책 기조는 여전히 과거 나치즘의 청산 기조를 유지하고 있었지만 그 정도는 많이 완화되어 거의 전전의 형태를 보여 주었다. 첫째 비록 냉전구도 속 동서의 경쟁을 의식한 것이었고 지리적 제약도 있었지만 터부시 되었던 과점과 독점이 허용되었으며, 정부 행정 기술 분야의 인력들도 대부분 복직되었다. 즉 과거 나치 정권 협력자들로 분류된 53,000명의 공무원들도 1,000명만이 공직에서 영원히 추방되었을 뿐 대부분 복직되었고 법조계는 100%는 전원 복직되었다. 바로 이 인력들이 라인강의 기적을 일구어 낸 주력 엘리트 그룹이라고 볼 수 있다. - William D. Graf(1992), pp. 15-16.

전에 나치당에 의해 거세된 채 당시 엄격했던 냉전의 논리 속에서 제대로 된 조직력을 발휘하지 못하고 전체적으로 자본에 복속되어 노동 일반의 결속력은 와해되어 부문별, 산업별, 지역별 연대만을 결속하는 수준으로 보수적으로 안정되어 있다.[17]

　안정적인 노사 관계를 바탕으로 서독의 자본들은 질적 양적 발전을 거듭하여 이미 1952년경에 전 수출의 50%가 자본재였고 그것도 과거와 같은 동유럽과 남유럽을 대상으로 한 것이 아니라 서유럽과 북미가 중심이 되어 있었다. 즉 서독 경제는 유럽 내부에 무역자유화 내지 개방경제를 추진하여 EEC를 창립(1957)과 마스트리히트 조약으로 유럽연합(1992), 동서독 통일(1990) 마침내 Euro라는 유럽 단일 통화를 탄생(2002)시키는데 주도적인 역할을 담당하였다.

　독일의 성공적인 수출 주도 산업화 과정에서 우리의 관심을 끄는 부분은 독일 자본이 국제분업체제 속에서 수행한 독특한 자본 전략에 관한 부분이다. 소위 지식-기술 산업이라 할 수 있는 엔지니어링, 화학, 전기, 수송장비, 금속, 기계분야 등에서 독일 자본은 미국과 일본 자본들과 치열한 경쟁을 통해 선진국 시장에서 승자가 되었는데, 여기에는 독일의 거대 은행이 해당 부문의 큰 주식 보유자였을 뿐만 아니라 각종 정보 제공자로서 그리고 막대한 금융제공자로서 위치하고

17　독일의 노사 관계가 안정적인 것은 잘 알려진 대로 사업장 내에서 종업원들만으로 구성된 독특한 형태의 종업원 평의회(Betriebsrat)가 공동의사결정(Mitbestimmungsrecht)권을 행사할 수 있도록 경영조직법(Betriebsverfassungsgesetz: Betr VG)이 잘 작동하고 있기 때문이다. 법으로 보장된 종업원 평의회는 소속 노동자들의 이해를 대변하기 위해 "근로시간 계좌제(Working time Account), 근로시간 회랑모델(Tarifiches korridonmodell), 근로시간 단축제"의 복합 시행을 통하여 근로 시간을 조정할 수 있고 더 나아가 고용의 안정을 확보할 수 있다. 이러한 독일의 노사 제도는 유럽연합 집행위원회가 지향하는 유연하고 안정성을 담보하는 유럽 노사 관계의 모델이 되고 있다. - Hartmut Seifert(2014).

있었고, 독일의 노동조합의 협조가 있었기 때문이었다.[18]

다음으로 조립금속, 유리, 세라믹, 가죽, 섬유와 면직물 등의 소비재 수출품들은 이미 국제적으로 범용화된 상품으로 생산과 제품이 표준화되어 국제적으로 대량 생산과 대량 소비로 대표되는 이른바 포디즘(Fordism) 축적에 동원된 부문이었다. 즉 서독의 소비재 상품은 소비 표준을 국제 규격화하고 국제 수준에서 생산의 국제화를 급속하게 진전시켜 나갔다. 이런 상품들은 기술의 발달로 신흥공업국에 존재하는 저임금, 비숙련 노동만으로도 생산이 가능하게 되어 생산의 국제화가 손쉬운 분야로서 직접 해외 생산지로 진출하거나 국제 하청 생산을 통해 독일로 수입하는 형태를 보이는 것인데 이러한 형태가 바로 서독 자본 전략의 두 번째 형태인 신국제분업 패턴이라고 할 수 있다.[19]

이런 전략을 통해 서독 자본은 상대적으로 경쟁력이 저하된 소비재 부문에 있어서 내부 구조 조정과 산업 합리화를 추진하여 고용이나 시장 점유율에서 위치 저하를 방어하는 데 성공하였다. 이것은 곧 서독 경제가 광범위한 세계시장, 특히 개도국과 남유럽 동유럽의 생산 체제에 의존하는 구조를 가지는 것으로 이런 요인들로 인해 서독 경제가 그만큼 취약하게 되는 이유가 되기도 하였다.

서유럽 자본 특히 서독 자본이 국제 경쟁력을 가지게 된 또 다른 대외적 측면이 있다면 그것은 구 소련으로부터 석유, 천연가스 등 에너지를 쉽게 확보할 수 있었다는 점이다. 이 부분은 미국 석유 메이저들과 중동 산유국들에 편중되었던 유럽의 에너지 선택권에 관한 문제,

---

18   Christian Deubner(1992), pp. 32-33.
19   임종운(2001), pp. 89-94.

냉전의 완화, 유럽 통합과 독일 통일 등의 이슈에서 진행되었던 독일의 헤게모니를 살펴보는 좋은 사례가 될 수 있다.

1968년 중립국 오스트리아를 필두로 이탈리아(1969), 서독(1970), 핀란드(1971), 프랑스(1972) 순으로 유럽의 주요 나라들이 차례로 소련과 천연가스 공급협정을 맺고 난 후 1974년부터 서독, 이탈리아 핀란드가 소련으로부터 천연가스를 공급받게 되고 프랑스도 1976년부터 수혜자로 동참하게 되어 본격적인 서유럽과 소련과의 경제협력이 개시되었다. 서유럽 측에서는 제1차 석유 파동으로 에너지 안보 차원에서 에너지 수입 다변화가 절실했고 가격 면에서 양호했을 뿐만 아니라 1980년대 후반부터 세계적 이슈가 된 지구 온난화 문제 대체할 친환경 연료로 천연가스가 대체재로 인식되기 시작하였다. 더구나 1986년 체르노빌의 사태와 한참 뒤인 2011년 후쿠시마 사태로 말미암아 원자력 발전의 의존도를 낮출 대체 연료가 꼭 필요하였다.

이러한 추세는 유럽의 러시아 천연가스 의존율은 해마다 점증시켜 2000년에 이르러 동유럽과 구 발틱 국가들은 자국의 국내 수요의 80% 정도를 러시아 천연가스에 의존하게 만들었으며, 핀란드, 그리스, 오스트리아, 튀르키예 등은 국내 수요의 약 60%를 러시아 가스에 의존하고 있다. 유럽 내에서 에너지 최대 수입국인 독일의 경우 1969년까지 국내 가스 수요의 10%를 차지하던 것이 14%(1971), 22%(1975)까지 상승했고 21세기 현재는 독일 전체 가스 수요의 55%를 러시아 천연가스에 의존하고 있는 실정이다. 이러한 지표는 유럽이 에너지 측면에서 러시아 천연가스 공급에 얼마나 종속되어 있는가를 보여 주는 것으로 이와 관련된 세계체제의 의미와 해석이 필요할 것이며 동시에 유럽 경제 통합에 독일의 헤게모니를 살펴보는 계기가 될 수 있다.

먼저 서독의 경우 소련과 가스 협정(1970)을 체결하여 냉전 가운데서도 소련과의 관계 개선을 도모한 것은 사민당의 Brandt 재임 시기(1969-1974)의 동방정책(Ostpolitik)에 기인하였다.[20] 반공주의와 반소 분위기를 조장하던 아데나워 정권의 정책에서 벗어나 동독을 포용하고 동독의 후견인 역할을 하던 소련과 경제협력을 증대하였고 그중에서도 천연가스 공급협정은 소련과의 경제협력의 대명사가 되었다.

서독의 입장은 소련의 천연가스 수입은 자국의 석탄 산업의 침체를 가져오지만 미국의 석유 메이저들의 영향과 중동 산유국들에의 의존을 크게 낮추어 비교적 저렴한 자원을 확보하는 것이고 파이프라인 건설과 관련된 철강 및 생산설비 시설의 수출을 증가시킬 수 있는 기회가 되어 매우 유리한 거래였다. 더구나 소련으로부터 도입되는 천연가스의 열량 표시의 유럽 표준화, 유럽내 동-서 가스 시스템, 관리와 유지 보수 운영에 관한 표준을 서독 기준으로 준용함으로써 자연스럽게 에너지 부문 유럽 경제 통합에 헤게모니를 발휘할 수 있었다.

소련 측에서는 자국의 천연가스를 유럽으로 수출함으로써 대외 거래에 필수적인 경화를 확보하는 한편 서유럽으로부터 선진화된 설비와 개발 장비를 도입함으로써 천연가스 산업 개발에 더욱 유리하

---

20 사민당의 동방정책의 실질적인 설계자는 Egon Bahr(1922-2015)였다. 그는 정치가이자 언론인으로 Brandt의 최측근으로 동방정책을 수립하고 추진하였다. 그는 소련과 서독의 가스 협정을 비롯해서 서독의 대외 정치 경제 협상을 기획하고 실질적으로 외교적 타결을 이루어 낸 인물로 후일 독일 통일의 숨은 공로자로 평가할 수 있다.

게 되었고, 유럽 내 소련의 정치 경제적 영향력을 증가시키는 계기가 되었다. 동시에 러시아 측에서도 자국의 경제 안정과 발전에 유럽연합의 역할이 대폭 증가함으로써 그만큼 자신의 국내경제가 유럽연합 경제에 의존적으로 되어 잠재적 취약성이 증가된 것도 중요한 포인트이다.

3. 헤게모니 안정성론

지금까지 상기에서 우리가 검토한 것은 월러스타인이 지적한 전환기의 세계체제론을 기초로 하여 세계체제의 전환기의 내용을 살펴본 것이고, 동시에 한반도를 둘러싼 강대국들의 헤게모니의 행사와 그 반대 세력에 관한 것을 정리한 것이었다. 그러나 그가 말하는 체제 전환의 형식은 이해할 수 있으나 이것에 과연 어떤 질적인 전환이 있는 것인가 하는 문제와 만약 전환된 내용이 과거 체제와 다른 내용인 경우 단순히 전환기의 특성이라고 볼 수 있는 것인가 하는 의문이 남아 있다. 특히 21세기 들어 사회주의 중국이 강력한 패권국이 되어 미국과 라이벌이 된 지금, 현대 세계체제를 과거의 (자본주의) 세계체제론으로 그대로 적용한다는 것에는 의문이 있다.

또한 월러스타인이 주장하는 세계체제는 과거 Pax Britannica(1815-1914)나 Pax Americana(1945-1972)와는 다르게 어떤 강력한 나라가 군사력과 경제력 특히 금융지배력을 가지고 여타 세계 자본주의 국가들을 압도하는 체제가 아니고 중심-준 주변-주변이라는 삼극체제로 구성된 역동적인 구조를 가지고 있으며 그것의 발현이 헤게모니로 나타난다고 표현하고 있다. 문제가 되는 것은 세계체제론에서 언급하는 헤게모니라는 용어가 구체적 지표로 표현되지 않고 범용적 의미로 사용되는 바람에 그가 말하는 세계체제 전환의 구체적 내용이 분명히 드러나지 않았다는 데 있었다.

　이와 같은 세계체제 전환론의 비판은 결과적으로 헤게모니 이론과 글로벌 자본주의의 연구로 연결되면서 헤게모니 개념을 풍부하게 만들었다. 주류 경제학자로서 세계체제와 헤게모니론를 연결한 학자로 알려져 있는 Kindleberg는 국제적 리더십이 혼란에 빠졌던 1930년대 대공황을 검토하면서 국제 무대에서 체제의 안정성을 유지하기 위해서는 리더 국가가 충분한 공공재(Public Goods)를 제공해야 한다는 이른바 "헤게모니 안정성론"(Hegemony Stability Theory: 이하에서 HST)[21]을 주장하였다. 그의 HST에 의하면 헤게모니 리더는 (가맹국들의) 협력을 얻어 내는 데 드는 전 비용을 충분히 감내할 수 있는 강력한 나라이며 다층적인 제도 규정을 조성해 낼 수 있는 나라라고 규정하면서 경제력과 안정적인 제도(Institution)운용을 위한 rule을 제공하는 것을 헤게모니의 요건으로 보고 있다. 따라서 대 공항과 2차대전의 혼란기는 세계 무대의 리더 국가의 부재로 생긴 것이며 안정적인 세계체제가 되기 위해서는 과거 영국과 1972년까지의 미국처럼 리더 국가의 국력이 압도적이어야 하고 리더 국가의 리더십에 여타국들이 잘 따를 수 있도록 국제적체제(International Regime)를 확립해야 그 체제는 안정적이 된다는 명제를 가지고 있다.

21　Kindleberger, Charles P.(1981), pp. 242-254.

겉으로 보기에 매우 상식적인 명제에 불과한 HST는 내용으로 들어가면 매우 복잡한 파생 명제와 경제철학적 배경을 가진 매우 복잡한 이론이 될 수 있다. 먼저 HST는 경제 정책과 국제 무역 정책에 큰 시사점을 가지고 있다. 즉 경제 발전 수준 여하와 상관없이 자유무역은 좋은 것이고 이런 국제무역 이익을 누리기 위해서는 안정적인 체제가 전제가 되는 것이니, 각국은 핵심 리더국이 만든 공공재(제도, 규범)에 잘 적응하는 무역 정책을 세우는 것이 유리하다는 파생 명제로 연결되는 것이다. 또한 HST는 구미 리버럴 주류 경제학자들의 자유 시장경제에 대한 철학을 여지없이 보여 주는 것으로 자유무역 참가국들의 의사결정 과정에 중요한 포인트가 된다고 볼 수 있다. 경제 무역 정책의 사상 측면에서 HST를 평가하는 이유는 대개의 이론들이 이론을 적용한 정책과정에서 그 계층적(혹은 계급적) 성격을 잘 드러내기 때문이다.

큰 그림으로 볼 때 그의 HST의 핵심 명제는 다음 세 가지로 요약할 수 있다. 첫째, 세계시장이 개방되어 자유무역을 하면 참여국 모두에게 이익이 되며 그리고 무역으로 인한 혜택은 헤게모니 국가보다도 소국일수록 더 많은 혜택을 누릴 수 있다. 둘째 Hegemon 국가가 영향력과 통제력을 안전하게 가질 수 있을 때만 참여국 모두가 자유무역의 이익을 누릴 수 있고 그 헤게모니가 쇠퇴하면 자유무역의 이익은 감소한다. 셋째 Hegemon 국가는 자유무역 세계체제의 안전성을 위해 충분한 공공재를 공급해야 한다.

이런 세 가지 명제는 사실상 상호 관련을 맺고 있기 때문에 분리해서 설명하지 않고 한꺼번에 설명하는 것이 편리할 것이다. 주류 경제

학자인 Kindleberger의 입장에는 수입 관세나 수입 쿼타 같은 무역 제한 정책을 반대하고 자유무역 이익이 참여국 모두에게 유익하며 특히 개도국들에게 더욱 유리하게 무역 이익이 돌아간다는 논지를 펴는 것인데, 이것의 배경에는 고전학파로부터 신고전학파, 신고전학파 종합에 이르는 현재까지 수많은 주류 경제학 교과서에서 핵심적으로 설명하는 이른바 비교 우위 생산비설을 기반으로 한 것으로 각국은 이 이론에 근거하여 특화생산과 수출 과정을 통해 국제분업에 참가하면 각국이 무역 이익을 모두 누릴 뿐만 아니라 개도국이 더 무역 이익을 누린다는 것이다.

잘 알려져 있듯이 비교 우위의 특화생산은 절대적으로 생산비가 우위에 있지 못한 국가라 하더라도 상대적으로 불리한 정도가 덜한 산업에 특화생산을 하여 국제분업에 참가하면 무역 이익을 누린다는 것으로, 19세기 영국 고전학파 경제학자들의 이론적 업적이라 할 수 있지만 그 실상을 살펴 본다면 19세기 영국이 주도한 자유무역은 후진국들로부터 잉여 수탈을 호도하는 자유무역 제국주의[22] 성격이라는 것은 학계에서 이미 잘 논증된 사실이다. 또한 20세기 들어와 미국 중심의 주류 신고전학파들의 자유무역 이론들에 반기를 든 1970년대 남미의 종속 이론, 신제국주의 이론 등이 등장하여 여전히 자유무역의 성격이 후진국들에게 불리하게 작동한다는 논증을 쏟아내면서 신국제경제질서(New International Economic Order: NIEO)를 주창하기

---

22 자유무역 제국주의(The Imperialism of Free Trade)란 용어는 1953년 John Gallagher와 Ronald Robinson이 제기한 용어로 이 용어는 19세기 대영제국의 식민지 확장기에 영국이 수행한 식민지와 교역의 성격을 규명한 것으로 이후 자유무역에 대한 많은 논쟁을 불러 일으키는 계기가 되었다. - Gallagher, John; Robinson, Ronald(1953), pp. 1-15.

에 이르렀다. 바로 이런 증거들이 Kindleberger를 비롯한 수많은 자유무역 옹호자들의 주장에 한계를 보여 주는 좋은 예가 된 것이다.

하지만 1970년 말부터 1980년 들어 이른바 신흥공업국(Newly In-dustrialized Countries: NICs)들이 등장하면서 기존의 국제경제질서에도 새로운 공업국이 탄생한다는 것이 증명됨으로써 신국제경제질서 명제는 힘을 잃고 다시 한번 주류 경제학자들의 자유무역 이데올로기는 설득력을 얻게 되었다.[23] 따라서 HST에서 주장하는 자유무역 이데올로기는 부분적으로 인정받을 여지가 있다.

다음으로 HST에서 핵심적으로 주장하는 Hegemon의 공공재 공급에 관해서 보다 자세히 살펴볼 필요가 있다. HST에서 의도하는 공공재 공급의 의의는 자유무역 이익 창출을 위해 원활한 자유무역의 환경을 조성하는 데 있고, 자유무역 환경은 이것을 제대로 수행할 수 있는 역량 있는 국가, 즉 Hegemon이 존재할 때 가능하다는 논지이며 Hegemon의 공공재 공급 역량이 쇠퇴할 때 자유무역은 쇠퇴하고 세계는 보호주의 경향으로 흘러 마땅히 누려야 할 무역 이익이 줄어든다고 보는 것이다. 즉 Hegemon은 안정적인 자유무역과 해외투자가잘 작동하기 위한 공공재 즉 국제 결제제도와 안정적인 환율구조 및 국제통화제도를 강력하게 지원 혹은 제공하기 위해 노력해야 한다고보고 있다.

---

23 기존의 국제무역질서는 선진국 이익에 부합하는 형태로 규정하고 그 관계를 과감하게 청산하고 자립 경제로 전환하거나 최소한 교역조건이라도 개선하는 조치를 국제적으로 장치해야 한다는 명제를 간단히 NIEO 명제로 한다면 기존의 국제 경제 질서 속에서도 산업화에 성공한 나라와 경제가 탄생했음으로 보여 주는 이른바 NICS형 명제는 전자를 무력화하는 결과를 가져온 것이다. 이런 NICS형 명제에 대해 많은 경제학자들이 대표적 사례로 삼은 국가는 바로 남한이다.

남북 경제협력의 새 비전과 과제 : 남한식 헤게모니 모색

이런 의미에서 Kindleberger는 Hegemon 국가가 가져야 할 특성 중 굳건한 공공재 제공 능력과 실행 능력을 특별히 강조한 것이 된 셈이다. 물론 헤게모니 특성에 반드시 막강한 군사력이 반드시 포함되는 것이지만 그는 군사력을 경제력에 부수된 특성이라고 보고 특히 공공재 제공 역량을 강조한 것이라고 볼 수 있는데, 이것의 배경에는 과거 2차대전 후 미국이 주도한 새로운 국제 질서를 의식한 결과이기도 하였다.

잘 알려져 있듯이 2차대전 후 미국은 UN과 IMF와 IBRD 같은 국제기구 설립을 주도하면서 정치 군사, 문화를 망라하는 전세계적 문제는 물론 특히 대외 경제적인 측면에서 반드시 필요한 환율안정과 해외투자와 산업개발 금융 분야를 총괄하는 거대 공공기관 설립을 통하여 광범위한 공공재를 공급을 추진하였다.[24] 미국의 헤게모니가 경제적으로 가장 강력한 힘을 발휘하는 분야가 있다면 상기 IMF와 IBRD 같은 국제기관을 통한 헤게모니도 있지만 미국 자체가 가진 거대한 금융시장 규모와 광범위하고 정밀하게 짜여진 국제 금융결제망 자체가 국제결제에서 결정적인 역할을 담당하고 있는 점을 주목할 필요가

---

24 UN은 단순히 정치 군사적인 기능만을 하는 국제기구가 아니라 경제 문화 예술, 인권 등을 포함한 광범위 인류 문제를 다루는 기구이다. 예를 들어 무역에 관해서도 국제 무역 통계와 교역재의 표준화인 SITC(Standard International Trade Classification) 같은 상품의 분류 기준까지도 코드화시키는 노력도 담당하고 있다. 또한 IMF도 환율 안정과 구제 금융 같은 거대한 문제 이외에도 각국의 국제수지표 작성의 모듈 제정, 회원국의 국제수지 현황과 추이 등 각종 연구 조사 활동을 담당하기도 한다. 이러한 미국 중심의 국제기구 창설과 운용은 비단 공적기관뿐만 아니라 사적인 기관인 국제상업회의소(International Chamber of Commerce: I.C.C)의 활동을 통해 공공재 공급 활동을 계속하고 있다고 보여진다. 예를 들면 각종 상사분쟁의 중재에 관한 사항(1958년 뉴욕협약으로 탄생한 국제상사중재위원회-International Council for Commercial Arbitration: I.C.C.A)의 활성화와 국제 무역결제에 반드시 필요한 신용장 통일 규칙-Uniform Customs and Practice for Documentary: U.C.P.C-의 제정과 운용 활동을 돕고 있는 점을 들 수 있다.

있다. 공공재 공급을 위해 Hegemon이 꼭 필요한지 아닌지는 논쟁이 있겠지만 상기의 공공재의 공급장치는 자유무역의 신장에 매우 긍정적인 요인이 된다는 점은 확실하다 할 것이다.

Kindleberger의 HST의 공공재 제공 부분에서 최종적으로 문제가 되는 점은 그가 공공재 공급을 담당하는 Hegemon이 자청하여 체제의 은인(Benevolent Benefactor)자격으로 엄청난 비용을 감수하고 공공재 혹은 코스모폴리탄적 재화(Cosmopolitan Goods)를 공급한다고 주장하고 여타국은 무임승차를 하는 것이라고 보는 점이다.[25] 물론 Hegemon으로서 미국이 불비례적으로 많은 유지 비용을 감당하여 국제 무역과 투자 환율 안정화 서비스를 제공하는 것은 틀리지 않고 일부 나라를 위해 안보, 국방력을 제공하는 것도 사실이지만, 그렇다고 해서 그것을 과장하여 참여국에게 자비로운 혜택을 베푸는 은인의 역할을 한다는 것은 받아들이기 힘든 과장된 주장이다. 헤게모니 국가가 만드는 자유무역체제는 Hegemon에게 유리하기 때문에 만든 것이지 자비심과 전혀 관계가 없다. 사실 IMF가 정한 국제수지표에는 주로 개도국들에게 향하는 값비싼 무기거래에 대한 항목도 없고 미국이 깔아 놓은 국제 금융결제 제도로 인해 미국의 금융 산업이 가장 큰 이익을 누리기 때문이다.

이상에서 살펴본 대로 HST 이론은 비관적인 Wallerstein의 세계체제(전환)론과는 다르게 세계체제를 낙관적으로 보는 리버럴한 미국주류경제학의 풍토를 배경으로 한 세계체제론이지만 세계체제의 안정

---

25 Kindleberger(1981), pp. 243, (1976), pp. 19-32.

남북 경제협력의 새 비전과 과제 : 남한식 헤게모니 모색

성을 Hegemon에게만 의존하는 Hegemon결정론으로 치우치게 했다는 점, 자유무역과 국제분업체계에서 현실적으로 존재하는 경제적 약소국의 불이익을 호도한다는 점 등 논란의 여지가 많은 이론임에 틀림없다. 하지만 Hegemon의 등장으로 자유무역의 이익이 증가할 수 있다는 점을 보인 점, Hegemon의 자격과 역할을 예시한 점, 국제무역 정책과 관련된 공공재 제공의 혜택을 부각시킨 점, 세계를 자유무역체제로 엮어 내는데 핵심 국가의 역할을 부각시킨 점 등은 주요 장점이 될 수 있을 것이다.

그의 이론은 세계체제론 입장에서 Hegemon이 구비해야 할 조건을 명백히 했다는 점에서 주목을 받았지만 Fax Britannica와 Fax Americana가 무너져 다극체제가 된 지금 HST를 세계체제 분석에 적용하기엔 여러 가지 제약이 있다고 보여진다. 즉 그의 이론은 세계체제의 안정성 확보를 위한 Hegemon의 존재, 그리고 그 안정성을 담보하기 위한 Hegemon의 공공재의 안정적인 공급 능력을 제시했다는 점에서 의의가 있을 뿐이다.

그럼에도 불구하고 세계체제의 안정성을 다루는 HST는 EU 같은 지역 헤게모니 분석에 유용한 시사점을 주고 있다. 왜냐하면 EU 통합 과정과 EU 위기 속에서 괄목할 만한 리더십을 보여 준 독일이 과거의 영국과 미국의 경우처럼 지배적인 리더십을 가지지도 않았고 적극적으로 안정적인 세계체제를 구축하지도 않고서 독특한 리더십을 발휘하여 지역 내 헤게모니를 발휘하였기 때문이다. 이하에서 우리는 마지막 포인트를 염두에 두고 먼저 현재 세계체제의 특성을 정리한 다음 세계경제체제의 역사에서 가장 주목을 받을 만한 EU 탄생과 운영과 관련하여 독일 수행한 헤게모니를 차례로 검토해 보기로 하자.

 ## 4. 글로벌 세계체제론

20세기 후반부터 전 지구적으로 자본의 국제화가 광범위하게 일어나고 1990년대 이후 중국과 구 소련을 비롯한 사회주의 국가들이 대부분 세계 자본주의체제 안으로 들어오게 되자 이른바 글로벌 자본주의(Global Capitalism)체제에 대한 논의가 다시 활발하게 되었다.

즉 과거 세계경제가 국가 간 경제단위가 주축이 된 연합체제였다면 새로운 자본주의 형태인 글로벌 자본주의(Global Capitalism) 내지 자본주의 세계시장 통합체제는 계급 단위도 아니고 단일 나라와 국가 단위 간의 분석도 아니고, 자본주의 역사적 체제의 유일한 단일 분석 단위인 "세계체제(World System)"를 탄생시킨 것이다.

문제는 이런 세계체제를 어떻게 규정할 것인가를 두고 국제 관계론 진영과 정치 경제학 진영 간에 차이를 보이고 있다. 먼저 전자의 경우 글로벌 자본주의를 실질적으로 이끌고 있는 중심부 안에서 일어나고 있는 초국적 현상(Transnational Phenomenon)을 의식하여 중심부에 일어나고 있는 초국적 관행들(Transnational Practices: TNPs)에 주목하면서 그것이 다음과 같은 3가지 수준에서 진행된다고 보았다.[26] 즉 초국적 자본이 이끄는 경제적 수준, 초국적 자본가 계급(Transnational Capitalist Class: TCC)이 주도하는 정치적 수준, 마지막으로 문화 엘리트들이 이끄는 문화-이데올로기적 수준이 그것인데, 그중에서도 경

---

26 Sklair, L.(2001), Sklair, L.(2002).

남북 경제협력의 새 비전과 과제 : 남한식 헤게모니 모색

제적 초국적 관행이 가장 중요한 역할을 담당하고 문화-이데올로기적 수준은 가장 하위의 주요도를 가지고 소비주의(Consumerism 사실상의 American Consumerism)를 견인하는 것인데 이들이 각 수준에서 만들어 내는 체제가 "글로벌체제(Global System)"이며 이것이 새로운 세계체제의 모습이라는 것이다. 이 체제 안에서 가장 중요한 역할을 담당하는 초국적 자본가 계급은 글로벌 자본주의체제의 새로운 계급으로 초국적 기업의 최고 경영자들, 글로벌 국제 관료들, 정치가들, 각 분야 최고 전문가 집단, 상업과 미디어의 소비자 엘리트를 지칭하고 있다.[27] 이상과 같은 개념은 모두 국제관계론 분야에서 검토되었던 개념들로써 세계체제의 양상에 초점을 둔 것으로 평가할 수 있겠다.

후자의 경우 새로운 세계체제의 개념을 자본주의 본연의 성질인 경쟁과 축적 위기 측면의 범위를 넓혀 범세계적 시각에서 접근하는 것인데, 대표적인 것이 Neo-Gramscian의 글로벌 세계체제론이다. 그들에 의하면 오늘날 글로벌 자본주의체제 양상은 개별 국가 단위에서 이미 초국적 헤게모니체제로 전환되어 나왔는데 그것이 단일한 형태로 진행된 것이 아니라, 헤게모니와 라이벌 헤게모니(Rival Hegemony, 때로는 Anti-Hegemony) 간의 경쟁과 갈등 속에 진행된 것이고, 동시에 이들은 중심부 내부에서 생긴 축적 위기를 둘러싸고 그 경

---

27 비슷한 주장으로 Robison의 연구가 있다. 그는 글로벌체제론을 진전시킬 목적으로 초국적 생산, 초국적 자본가들, 초국적 국가 (Transnational State)의 3가지 측면(Planks)을 주목하였다. 그는 새로운 글로벌 세계체제에 초국적 자본가들의 헤게모니를 인정하여 Sklair와 같은 맥락을 유지하지만, 각국에서 또는 지역 내부에서 필연적으로 발생하는 계급 분열을 주목해야 한다는 점, 그리고 새로운 개념인 초국적 국가(Transnational State: TNS)를 도입한 점이 크게 구별되는 점이다. 그의 경우 개별 국가장치는 이미 초국적 세력들에 의해 침투되고 변형된 존재로서 통합적으로 TNS로 표현되며 이들이 글로벌 자본주의를 이끌고 있다고 보는 것이다. - Robinson(2004), (2000), pp. 11-54.

쟁과 갈등은 치열하게 전개되어 나왔다. 예를 들어 2차대전 후 거대한 생산과 소비체제를 완성한 Fordism 축적 시기에 서유럽과 미국의 각 축은 물론이고, 그것을 대체한 1980년대 이후 수십 년을 지속한 신자유주의 축적체계에서 진행된 경제위기[28]와 함께 미국 헤게모니의 상대적 하락, 눈덩이처럼 불어나는 미국의 재정 적자와 중국의 부상은 세계체제의 헤게모니 경쟁과 갈등을 보여주는 좋은 예들이다.

Neo-Gramscian이 바라보는 글로벌 세계체제[29]는 20세기 후반 이후 초국적 금융체제와 이와 대응되는 초국적 생산체제의 출현으로 독특한 글로벌 경제체제가 출현한 것으로 본다. 이때 그들이 규정하는 세계체제는 국가들의 Network, 국제기관들, 각종 초국가적 활동기관과 단체가 상호 관련되고 위계적으로 조직되어 있는 체제로서 이것이 단지 경제적 조직으로만 된 것이 아니라 정치적, 문화적, 이데올로기적으로 경합하고 상호 교섭되는 하나의 헤게모니세력으로 구성되어 있는 체계이다.

즉 이 세력은 20세기 후반부터 생산과 (금융)자본의 국제화의 진행이 배경이 되어 초국가적 계급을 형성하였으며 지리적 국가적 구속에서 벗어나 마침내 국가 주권과 국가내 계급을 복종(Subrogation)시킨 결과로 나타난 것이다. 이 과정에서 초국가적 역사 블록(Transnational Historical Bloc)이 형성되었다는데, 이러한 초국가적 역사 블록의 정점에 있는 사람들은 초국적 기업의 소유자들과 경영자들, 국제 금융기관의 소유자들과 경영자들, 기타 세계적 규모의 자본가들, 중

---

28 1997년 Asian Financial meltdown, 2008-2009년 미국의 sub-prime Mortgage Market의 붕괴로 전 세계 금융시장의 혼란 등이 가장 대표적인 위기 표현임
29 Muhammed Kuessad Oezekin(2014), pp. 91-112.

앙은행 이사들, 주요 정치가들, 고위 공직자들과 공무원들을 망라하고 있으며, 하위 그룹으로 참여하는 사람들은 유관 지성인들, 정치인들 등이 포함된다. 이들의 헤게모니 작업(Hegemonic Project)은 현재의 축적체제(신자유주의 축적체제)를 정당화하고 축적체제에서 생기는 문제를 기술적으로 해결하여 헤게모니를 공고히 하는 일이다.

이러한 헤게모니 작업의 역사적 예는 1970년대 미국 경제위기를 극복하기 위한 조치로 1980년대 미국의 레이건 정부시절 세제 개혁, 금융규제 완화, 통화 긴축과 안정적인 통화 등의 정책과 영국 대처 수상 당시 노조 탄압과 노조 길들이기, 국영기업 민영화, 사회 서비스의 민영화, 각종 시장자유화 조치 등으로 나타났다. 이런 헤게모니 작업은 비단 미국과 영국뿐만 아니라, 스웨덴, 덴마크, 프랑스에도 나타난 보편적 현상으로써 대부분 기업 친화적, 시장친화적 거시경제 정책(예컨대 소득세 감세, 자본취득세 감세, 각종 기업 규제 완화 사회 복지 예산 축소 등)을 통해 Keynesian 경제 정책을 버리고 신자유주의 정책을 실시하여 대중 다수가 이런 시장 및 기업 친화정책을 당연한 것으로(상식 수준으로) 받아들이도록 유도하는 데 성공하였다.

당시 많은 선진국들의 이러한 정책들은 정책을 넘어 이데올로기로 고착되어 국가 구조에 깊이 침투되어 있었는데, 이런 기업과 시장친화적 이데올로기는 국제 금융기관을 통해 개도국에게도 전파되었다. 일례로 민족주의 색채를 가졌던 수입대체 공업화 전략의 실패로 어려움을 겪던 남미 국가들에게 시장 친화적인 가혹한 구조 조정의 압력을 행사한 경우라든지, 1997년 외환위기를 맞이했던 남한이 국제 금융기관들의 강요로 받아들일 수밖에 없었던 가혹한 시장 친화적 구조

조정의 사례 등도 이런 예에 속할 것이다.

유의할 점은 Neo-Gramscian의 세계체제에서 주목하는 헤게모니 개념은 정태적인 것이 아니라 동태적인 것으로 본다는 점이다. 일단 지배적인 국가들과 세력들이 자신들의 이해관계와 규범, 가치를 보편적인 것으로 하여 다른 나라들과 세력들에게 그것을 유포하고 받아들이도록 유도하는 데 성공했다 하더라도 그 이행과정은 갈등을 수반하는 것이고 모순을 촉발하여 헤게모니 반대(Anti-hegemony)세력을 키우고 사회적 투쟁을 야기하기 때문에 헤게모니 내부 동학에는 항상 긴장이 존재한다고 보는 것이다. 특히 신자유주의화의 진행으로 소수 엘리트들이 상대적으로 큰 이익을 얻는 개도국에서 이런 갈등과 모순은 증폭되어 나타날 수 있다.[30]

결국 1970년대 말부터 현재까지 초국가적 헤게모니 세력은 상식수준으로 이데올로기화 한 신자유주의 이념을 만들어 내고 현재까지 세계체제의 이념으로 삼는 데 성공하고 점점 글로벌 시장통합의 길로 나아가고 있다. 하지만 아시아 금융위기(1997년), 미국의 금융위기(2008-2009), Occupy Wall Street(2011) 등에서 볼 수 있듯이 신자유주의는 또 한 번의 위기를 맞고 있다.

이러한 신자유주의 축적 전략이 위기를 맞이한 것은 이것이 과거 축적 전략인 Fordism과는 다른 약점이 존재하기 때문이다. 즉, 현재 신자유주의 축적 전략은 과거 Fordism과는 다르게 생산은 해외 저임금 국가에서 Outsourcing에 의존하는 가운데 소비는 선진국 소비에 의존하는 구조이기 때문에 글로벌 대량 생산에 대응하는 대량 소비체제를

---

30 Rueckert, A.(2007), pp. 91-118.

결여하는 안정성 없는 축적 전략이다.

John(2009)의 주장에 의하면 신자유주의 축적 전략의 취약성은 다음과 같은 3가지 구성요소를 가지고 있다고 한다. 첫째, 신자유주의 원칙을 받아들인 국제 금융기관들[31](IMF, IBRD, 초국적 은행기관)이 글로벌 자본이동성을 증가시키는 새로운 금융시스템을 만들어 내어 신자유주의 축적 전략을 확산시켰는데, 이것으로 말미암아 신자유주의 축적 전략이 취약하게 되는 모순이 생긴 것이다.

이러한 모순은 1970년대 초 브레튼우드 체제 붕괴로 미 달러 본위제 고정환율체제가 변동환율체제로 이행과 더불어 생겨났으며 그 후 초국적 기업들의 해외 생산과 투자가 증가하자 이들과 함께 진출했던 초국적 은행자본들이 개도국들에게 대출을 확대하면서 본격화되었다. 잘 알려져 있듯이 이것의 결과는 1980년대 남미 주요국가들의 채무 불이행 사태로 귀결되었으며, 또한 선진국도 글로벌 생산에 대응하는 소비체계의 결여로 인해 내부적으로 스태그플레이션과 경기 순환이 단절되는 문제를 야기하게 되었다.

또 하나의 모순은 미국의 국내 화폐가 아직까지 세계의 기축통화로 기능함으로써 생기는 문제이다. 세계 무역의 증가에 필요한 세계결제자금의 증가가 미국 달러 수요증가로 나타나기 때문에 국제 유동성 증가의 필요성이 미국의 국제수지 적자로 해소되고 있는 것이다. 현재까지 국제 금융부문에서 미 달러의 헤게모니가 굳건한 이유는 1945

---

31 국제 금융기관들은 사실상 금융 헤게모니를 가진 미국의 리더십에 의해 좌우되는 기관이다. 2007년 기준 미국은 IMF와 IBRD에 각각 16.79%, 16.38%의 지분을 가지고 있으며, 미국과 EU지분을 합한다면 각각 48.88%, 44.94%의 지분율을 가지고 있다. 이를 반영하여 통상적으로 IMF의 수장은 미국인이고 IBRD의 수장은 EU에서 담당하고 있다.

년 이후 미국이 구축해 놓은 국제 금융결제망이 가장 안정성이 높고 광범위하게 조직되어 있을 뿐만 아니라 국제 금융시장에 상정되어 있는 미국의 금융 상품이 가장 안전하기 때문이다. 사실 많은 나라들이 미국의 통화 금융결제망에 깊게 묶여 있어 새로운 통화 결제망을 구축하기란 사실상 불가능하고 각국의 통화들이 미 달러 가치와 연동하고 있기 때문에 미 달러의 헤게모니는 계속 유지되고 있는 것이다. 따라서 좋든 싫든 미 달러의 가치 안정은 미국 국내 문제뿐만 아니라 세계 문제가 될 수밖에 없는 것이다. 이런 배경으로 인해 전통적으로 대미 무역 흑자국인 일본과 중국이 미국 국채(Treasure Bond) 매입의 큰손이 될 수밖에 없는 것인데, 이것은 미국의 소비(자국의 수출과 관련) 수준이 적절히 유지되어야 하고 적절한 환율(대미 수출 경쟁력과 관련)수준에 관리가 필요하기 때문이다.

둘째, 신자유주의 축적 전략은 자신에게 맞는 새로운 국제무역체제인 WTO(World Trade Organization)를 갖추게 되었는데, 이것이 바로 축적체제의 취약성으로 연결되고 있다. 1948년 이래 세계 무역 질서를 담당하던 기구였던 GATT는 수많은 예외조항과 강제력 부재로 인해 국제 기구로서 매우 약한 기능을 가지고 있었지만 1995년 설립된 WTO는 보다 강제력이 보강된 기관으로 탄생하였다. 미국의 주도로 만들어진 이 기관은 1994년 설립된 NAFTA(North American Free Trade Agreement)를 모태로 하여 국제 규모로 확장한 것으로 지역적 FTA를 허용한 이른바 개방적 지역주의를 표방하는 기관이 되었다. 이 기관은 2001년 사회주의체제인 중국이 정식 회원으로 가입됨으로써 외연이 대폭 확대되었으며 이 기관이 추구하는 개방적 지역주의의 상

남북 경제협력의 새 비전과 과제 : 남한식 헤게모니 모색

징인 FTA가 세계적으로 181개(2002년 기준)에 이르게 되었다.

이러한 실물부문에서 신자유주의 축적 전략은 글로벌 생산체계를 보장하여 선진국 자본의 투자와 자본의 자유스런 이동을 원활하게 하는 것이지만 그와 동시에 개도국과 선진국 내부의 경제적 취약성을 내포하고 있다. 즉, 개도국은 선진국들로부터 자본철수 협박과 환율조정 압력 노동기준 강제 등의 각종 간섭에 노출되어 있고, 미국을 비롯한 선진국들은 대 개도국 의존 자본 순환을 가짐으로써 취약성을 노출한 것이다. 미국의 경우 멕시코와 중국으로부터 대규모 무역적자에 직면하였으며 COVID-19사태에서 확인되었듯이 Supply Chain의 붕괴로 그 취약성이 극명하게 드러났다.

마지막으로 현재 세계노동 시장은 신자유주의 축적 전략에 맞추어 지역적으로 분할되어 있는데, 이것은 결과적으로 선진국이나 개도국 모두 노동 계급의 무력화로 귀결되고 있다. 중국 같은 권위주의 정부 체제 아래 노동자의 저임금 구조가 미국 내 인플레이션 압력을 낮추는 데 도움을 줄 수는 있겠지만, 미국 노동자, 소비자들의 구매력을 감소시키고 자본가의 이익을 증가시키는 구조로 되어 있다. 초국적 기업은 개도국에게 자본철수의 구실로 개도국의 노동기준의 하향조정에 압력을 가하고 선진국 노동 계급은 고용 위협과 구매력 저하의 시달리게 되어 있는 구조인 것이다.

이상을 종합해 볼 때 현재의 신자유주의 축적 전략은 생산관계 및 가치실현의 모순으로 자체적으로 취약성을 가지고 있는 불안정한 축적 전략이며 개도국이나 선진국 모두 노동 계급을 무력화시키는 전략이다. 개도국 노동자들이 억압받는 구조는 언급할 필요도 없는 것이지만 선진국 노동 계급도 실질 임금이 억압받는 과정에서 일정한 소비 수준을 유지하기 위해 은행 차입을 통한 개인 부채 증가가 불가피하게 되었다.[32]

또한 이러한 글로벌 세계체제는 경제적 위기와 갈등뿐만 아니라 글로벌 환경과 생태적 위기를 초래하는 것으로 운동차원에서 국제간 대항 헤게모니(Counter-Hegemony) 이슈, 시민 사회 간 Global Historical Bloc에 대항하는 문제 등[33]의 난제를 야기하고 있다

한편 이러한 신자유주의 이념과 초국가적 역사 블록들의 헤게모니 작업은 EU 안에서 지역적 차원으로도 진행되었는데, 이하에서 우리는 이것을 독일식 헤게모니론에서 확인해 보기로 하자.

5. 독일식 헤게모니론

독일 자본주의(Rhine capitalism)는 독일의 경제 정책의 기조인 사회적 시장경제(The Social Market Economy) 지칭하는 것으로 독일 근대사의 소용돌이 속에서 독일이 선택한 일종의 독일식 수정 자본주의 정책이라고 할 수 있다. 주지하다시피 이러한 독일 자본주의는 통일 전 서독 자본주의 전통에 기인한 것으로 서독 자본주의는 전후 전례 없는 경제 발전을 이루어 독일 내부 통일은 물론 인접 유럽 국가들을 EU라는 단일 경제체제로 이끄는데 주도적인 역할을 담당하였다.

---

32 이러한 결과는 2000년도 들어와 미국발 세계금융시장 위기로 표현되었다. Fannie Mae and Freddie Mac의 몰락과 국유화(2008년)과 Subprime Mortgage Crisis(2007-2008)으로 촉발된 국제 금융위기, 은행 도산과 경기 침체 등으로 수많은 서민들이 고통을 받았고 결국 서민들의 부담으로 돌아올 미 정부의 천문학적 구제 금융도 국제 금융시장의 잠재적 불안 요소가 되었다.
33 William K Carroll(2010), pp. 168-198.

따라서 독일 통일과 EU 결성과정에서 독일 자본주의체제의 어떤 특성이 구체적인 추동성을 가지고 있었으며 그것이 어떻게 작동하였는가 하는 점은 중요한 연구 주제가 될 수 있을 것이다.

이러한 연구 주제를 담아내는 유력한 이론적 장치들 중의 하나가 헤게모니 이론이며 우리는 이를 통해 독일 통일 과정과 EU 창립과 운영 과정에 독일 자본주의가 수행한 주요 역할을 파악할 수 있을 것이다. 독일식 헤게모니에 대하여 유의할 점은 독일 통일과정에서 서독이 보인 헤게모니 형태와 통일된 독일이 유럽연합을 상대로 발휘한 헤게모니와는 차이가 있기 때문에 구분해서 분석해서 살펴봐야 한다는 점이다.

즉 한반도 상황과 관련하여 단순하게 본다면 독일 내부 통일 과정에서 보인 서독의 헤게모니를 자세히 검토해 보는 것이 더욱 적합한 것처럼 보인다. 그러나, 독일 통일은 소련의 붕괴 및 세계체제 전환기에 갑자기 정세적으로 이루어진 것이고, 사회주의 동독 지역이 자본주의 서독 경제 체제에 자발적으로 완전 흡수된 통일 형태로서 헤게모니 분석으로 접근하기에 편리하지 않은 점이 있지만 독일은 통일 전후와 상관없이 독일식 수정 자본주의 전통이 유지되고 있다는 점 그리고 그것이 EU 운용에 유효하게 적용된다는 점을 인식하여 이하에서 우리는 편의상 전자와 후자를 구분하지 않고 통일적으로 관철되는 독일식 헤게모니를 집중해서 살펴보기로 하겠다.

먼저 유의할 점은 독일의 헤게모니는 HST 이론처럼 세계체제를 상정해서 발휘되는 헤게모니가 아니고, EU라는 특수 지역 경제 내지 권역 경제 블록을 대상으로 한 헤게모니라는 점이다. 독일의 헤게모니는 HST처럼 직접적인 형태가 아니고 스스로 모범을 보여 리더십을 가지는 간접적 형태를 보이는 국지적인 헤게모니이다. 이런 측면에서 독일식 헤게모니는 한반도 문제에서 국지적 리더십을 가지고자 하는 남한에게 큰 정책적 시사점을 제공할 수 있을 것이다.

이제 우리는 독일식 헤게모니의 내용을 구체적으로 파악하기 위하여 기존의 이론인 세계체제(전환)론과 HST 이론에서 보이는 헤게모니와 대별되는 독일식 헤게모니 특징에 초점을 두고 그 요점을 살펴보기로 하자.

EU의 국가 연합의 핵심은 회원국들 간의 국경을 모두 개방하여 단일 경제권으로 하고, 이를 관장하는 공동 최고 법원(Common Supreme Court)을 만들어 EU 내 각종 이슈를 처리할 수 있는 법적 제도적 장치를 구비하며, 역내 단일 통화(EURO)를 창출하여 공동 화폐를 사용한다는 것으로 이것은 적어도 경제적으로 볼 때 완전히 통일된 하나의 자본주의 국가적 장치를 모두 갖춘 경제 연합체라고 볼 수 있다. 그러나 기본적으로 EU는 독립 주권국가들의 경제적 연합국가 형태뿐만 아니라 정치적 연합국가로서 기능하고 있기 때문에 과거 크렘린(Kremlin)과 위성국들과의 공산주의 국가 연합인 소련과는 근본적으로 차이가 있다. 즉 EU의 탄생 배경에는 단순한 자본의 일반 논리뿐만 아니라 인권과 민주주의, 법치주의에 대한 유럽의 동의 협조가 그 결실을 맺은 측면이 있기 때문에[34] 저자가 보는 큰 의미의 EU 탄생은 자

---

34 유럽은 EU라는 조직과는 별개의 국제조직인 The Council of Europe: COE(1949년 설립, 프랑스 Strasbourg에 본부를 둠)라는 국제기관이 존재하여 EU 회원국보다 훨씬 많은 회원수(47개 회원국)를 가지고 있다. 인권문제와 민주주의, 법치주의를 주요 기치로 삼고 있는 이 기구는

본주의 시장경제와 민주주의의 통합을 위한 유럽국가 연합을 의미하는 것으로 평가하고 싶다.

이상을 염두에 두고 독일식 헤게모니를 살펴본다면 EU 형성 초기 단계에서 독일이 Euro라는 단일 통화 창출과정에서 발휘한 현저한 역할을 상기할 수 있겠지만 그 후 EU운영과 관련하여 최근 벌어진 3대 사건 Euro Crisis, The Refugee Crisis, Brexit 사건에서 독일이 발휘한 헤게모니가 보다 독일식 헤게모니 특징을 잘 표현하고 있다고 볼 수 있다. 이런 EU가 직면한 문제들은 EU 내에 존재하고 있는 혼란과 분열의 정도를 보여 주는 계기가 되었고 EU 자체 능력과 함께 맹주인 독일의 리더십을 체크하는 계기가 된 것이다. 사실 EU는 애초부터 유럽 시장 통합에 따른 회원국 간의 인식 차이가 존재할 수밖에 없었다는 점. 북쪽 핵심 국가들과 남쪽과 동쪽의 주변 국가들과의 지리적 경제적 차이. 특히 자금 공여국 입장에 있던 나라들과 자금을 빌리는 나라들 간의 갈등은 수습이 매우 곤란한 대단히 어려운 일이었다.

먼저 Euro Crisis의 경우를 살펴보자. 2007년과 2008년 미국발 세계 금융위기의 여파로 생긴 세계적 불황이 유럽 전체 경제 위기로 부상하게 되었다. 당시 포르투갈, 이탈리아, 아일랜드, 그리스와 스페인 등 남유럽에서 부동산 시장의 붕괴와 상업은행들의 경영악화가 발생하여 국가 부채가 급증하여 국가 채무를 자신들의 힘으로 부채 상환이 어렵게 되었는데, 이런 상황이 2012년까지 계속되어 해당 국가의 국가 부도는 물론 EURO Zone의 붕괴 일보 직전까지 갔던 시기가 있었

EU와 함께 유럽을 대표하는 국제기관으로 되어 유럽과 세계 전체에 큰 영향을 미치고 있다.

다. 이런 Euro Crisis에 대하여 EU는 유럽 중앙은행(European Central Bank, ECB)과 IMF의 도움을 받는 한편 2010년 17개국이 참가한 특별 대출 제도인 European Financial Stability Facilities(EFSF)를 신설하여[35] 금융위기에 빠진 남유럽 국가들에게 구제 금융을 제공하였다. 이 과정에서 독일은 특별한 리더십을 발휘하였는데, 독일 주도로 엄격한 재정 긴축정책, 채무국 금리 인상, 공공지출 억제, 증세를 포함한 가혹한 긴축 정책 시행을 구제 금융 조건으로 명백히 하였다. 비록 독일식 긴축정책의 강요에 그리스를 중심으로 남유럽의 강력한 반발이 일어났지만, 결국 독일식 처방인 가혹한 조건을 부과시킨 공공재(Public Goods)제공을 밀어 부쳤다.

이상을 염두에 두고 2009년에 발생하여 2010년 내지 2012년까지 계속된 그리스, 스페인, 아일랜드 포르투갈 등을 포함한 남유럽발 Euro Crisis에 대한 독일의 역할을 조금 더 살펴보자. 2007년과 2008년 세계적 금융위기 여파로 남유럽국들은 부동산 시장의 붕괴, 상업은행들의 경영악화 등으로 심각한 재정부채를 지게 되어 위기를 맞게 되었는데, 특히 그리스인 경우 재정파탄의 위기에 직면하였다.

이를 해결하기 위한 EU 자체 대책은 크게 과감한 긴축정책을 전제로 구제 금융을 제공하는 것으로 가닥을 잡고 유럽중앙은행(European Central Bank: ECB)과 IMF가 구제 금융을 담당하고 특별히 신설된 기구인 ESM(European Stability Mechanism)를 창설하여 이 기구가

---

35 이 기구를 만들과 운영지침을 만든 사람은 독일인, Klaus Regling으로 그는 이 기구의 초대 CEO로서 실질적으로 이 기구를 이끈 인물이었다. 그는 성장 정책보다도 안정화 정책 특히 반 인플레이션 정책을 우선으로 두는 전후 독일 경제 정책의 전통을 잇고 있었으며, 이것은 초창기 유럽 중앙은행(EBC) 설립 당시의 기본 정책이기도 하였다.

구제 금융을 받은 국가들의 강력한 구조조정 과정을 감독하도록 장치하였다. 이 기구는 EU의 핵심기구인 유럽집행위원회(The European Commission)와는 별도의 기구로 위기국면에 상당한 권한과 자율권을 가진 독립된 기구였다. Euro를 책임지는 유럽중앙은행의 운영의 모토이자 핵심 지침은 인플레이션 억제정책(Anti-inflation Policy)으로 경기 부양이나 경제 성장과는 분명한 선을 긋고 있다.

이것은 2차대전 후 독일의 변함없는 전통이었는데 이 전통을 유럽 중앙은행 창립 때부터 분명히 하였다. 이러한 유럽 중앙은행의 전통은 Euro Bond 창출 논의에서도 분명하게 나타났다. 위기 국면의 Euro 안정화를 위해 Euro Bond 발행이 최선이라는 수많은 경제 학자의 진단과 각국의 집요한 요구에도 불구하고 독일은 이것을 Karlsruhe에 있는 헌법재판소의 판결에 회부하여 독일 측의 거부를 정당화시킴으로써 역내 여타 가맹국들은 그것을 수용할 수밖에 없었다. 비록 남유럽 특히 그리스는 긴축정책과 혹독한 구조조정에 반발하여 국민투표까지 거쳐 긴축정책에 반기를 들었지만 차마 유럽통화체제를 탈퇴하지는 못하고 유럽집행위원회 결정을 따를 수밖에 없었고 나머지 국가들도 같은 입장이었다. 결국 Euro Crisis에 대한 독일의 헤게모니에 반기를 든 채무국인 남유럽은 최종적으로 독일의 강력한 영향력 아래 작동하는 유럽중앙은행의 운영지침에 따르게 되었고 이것은 독일의 경제력은 물론 그들의 법치주의 내지 독일식 관습과 제도에 포섭된 것으로 볼 수 있을 것이다. Euro Crisis에 있어서 독일은 대주인 북유럽 쪽과 차주인 남유럽 간의 차이를 잘 중재하는 데 성공하였으며 이것은 곧 독일 경제, 독일제도 및 금융 파워가 인정되는 계기였다고 평가

된다.

　두 번째 EU 내 독일의 헤게모니를 확인할 수 있는 계기는 2015년 난민사태 수습을 둘러싸고 진행된 EU 내부 갈등을 해결하는 과정에서 확인되었는데, 그 과정은 과거 금융위기와는 비교도 되지 않은 가장 심각하고 복합적인 분열적 이슈를 해결하는 과정이었다. 당시 이주자와 난민 신청자들이 폭주한 것은 대부분 시리아 내전으로 인한 것이었지만 그 외에도 아프가니스탄 전쟁과 이라크, 리비아 내전 여파 그리고 일부 아프리카의 정세불안으로 인한 이주자들이 가세하여 2015년도에 무려 약 130만 명의 난민 신청이 접수되었다. 절대 다수의 EU 회원국들은 이주민과 난민 신청자들의 유입으로 발생할 수 있는 인종과 종교 분규, 테러리스트의 잠입 가능성, 극우 세력들의 준동 등을 우려하여 난민 유입을 반대하는 빌미로 국경을 닫는 정책을 추진하였다. 특히 각국의 선거철이 오면 난민 문제는 가장 뜨거운 선거 전략이 되어 여론을 악화시켰는데, 무슬림의 침입, 테러리스트의 유입, EU 복지 사회에 대한 질적 저하 등의 구실이 붙여지고 심지어 NATO 최고 사령관인 Philip Breedlove는 유럽으로 대규모 난민 신청이 몰려온 현상을 러시아의 푸틴과 시리아의 아사드의 공작품으로 난민 방출로 유럽 와해와 전복을 노리는 고의적인 난민 전략이라고 혹평하였다.[36]

　독일은 통일이 되기 전부터 외국 노동인력을 많이 받은 나라로서 외국인 노동자들과 이민자들에게 관대한 나라였다. 동독은 월맹을 포함한 사회주의 국가들로부터 서독은 남유럽 특히 튀르키예로부터 대

36　Ireneusz Pawel Karolewski, Roland Benedikter(2018), pp. 98-132.

　남북 경제협력의 새 비전과 과제 : 남한식 헤게모니 모색

규모 이주 노동자(Gast Arbeiter)를 받아들여 전후 독일 경제 부흥 과정에 생긴 인력 부족을 보충하였다. 따라서 독일 입장에서는 2015년도 이주 노동자들과 난민 신청자들의 대거 유입은 그리 큰 문제가 아니었다. 2015년 독일은 DIW(Deutsches Institut fur Wirtschaftsfor-schung - German Institute for Economic Research in Berlin)의 권유를 토대로 이주민과 난민 신청에 우호적인 입장을 견지하였다. DIW 분석의 요체는 이주민과 난민들의 유입은 장기적으로 볼 때 독일의 자산이 될 것이며 이주민과 난민들에게 지급하는 생활보조금은 개인 소비증가로 이어져서 유효수요를 창조하고, 그들이 교육 훈련을 받고 노동인력에 편입되면 생산성의 증가와 국가의 GDP도 증가하는 순 순환을 가져온다고 보았던 것이다. 비록 이런 분석에 많은 비판과 논쟁이 제기되었지만 결국 독일이 취한 정책은 난민과 이주 노동에 대한 수용 입장을 고수하였다.

　문제는 독일 이외의 나라에서는 독일식으로 난민 이주자 환영 정책을 받아들일 수 없었던 점이었다. 독일을 제외한 회원 각국들은 이주민과 난민들에게 국경을 닫는 정책을 취하거나 국경 개방을 약속한 Schengen 조약을 개정하자는 방향으로 여론을 형성하여 독일의 난민정책에 반기를 들었다. 당시 독일의 메르켈 정부는 이런 조치들은 모두 Schengen 조약이 무너지는 것이고 이것은 곧 EU 결성을 와해하는 결과를 초래하는 것이기 때문에 이것을 막기 위한 조치가 절실하였다.

　우선 독일은 자체적으로 난민 신청 유입자들을 국내로 산개시키기 위한 쿼터 제도를 가동시켜 16개 지방정부의 세수 규모와 인구수를 기준으로 비례적으로 난민 신청자들을 수용하도록 조치하는 한편, 유

럽집행위원회를 독려하여 독일과 마찬가지로 난민 신청자들을 GDP
와 인구수를 기반으로 EU 회원국에게 모두 골고루 배분시키자는 제
안을 하였다. 그러나 이러한 제안은 다수의 호응을 얻는 데 실패하였
고 결국 낮은 단계의 정책, 즉 최소한의 기본적인 사항만을 담은 권고
안을 마련하여 각국에게 통보하는 수준에 그치고 말았다.

  EU 내부에서 난민과 이주자 유입 위기를 해결하기가 어려운 이유는
난민들과 이주자들이 들어오는 경로에 접한 회원국들과 그렇지 않은
나라들과의 이해관계가 대립하여 양측의 입장이 서로 다르고, 더블린
규정(Dublin Regulation)에 의하여 이주자들과 난민 신청자들이 최초
입국하는 나라에서만 난민 신청이 가능하다는 조항이 문제가 되었다.
난민이 최초 유입되는 나라들은 대부분 경제적 여유가 없는 남유럽인
데 그들이 우선적으로 자체 예산을 편성하여 막대한 비용이 드는 수
용시설 구비와 운영비, 인건비 경비 등을 감내하는 데는 큰 어려움이
있었다. 원래 더블린 협정의 취지는 일단 난민 신청이 거부된 입국자
가 다른 회원국에 다시 난민 심사를 신청하는 이른바 난민신청 쇼핑
을 막는 것이었지만 그 결과는 난민 유입을 억제하고, 난민 신청 수속
을 지연시킬 뿐만 아니라 그 과정에서 신청자들의 인권 문제, 신청국
들의 과중한 부담을 야기하는 등 심각한 결함을 안고 있었다.

  EU 내부의 불협화음과 각종 국제인권단체들의 항의에 직면한 독일
은 EU 회원국 28개국과의 협의도 없이 더블린 규약을 일시 효력 중지
시키고 이주자와 난민 신청자들의 독일 수용을 결정하여 결과적으로
독일로 유입된 난민 신청자들이 140만 명(2015.8부터 2017.10까지)
이르게 되었다. 이러한 독일의 조치는 EU 회원국들에게 큰 부담을 지

남북 경제협력의 새 비전과 과제 : 남한식 헤게모니 모색

우는 일이고 그동안 남유럽(그리스, 이탈리아)에게 가해진 사회적 경제적 부담을 경시한 결과를 낳았으며, 더블린 규약을 일방적으로 중지시킨 점, 마지막으로 이 조치로 다른 나라들에게 정치적 도덕적 압박을 가하여 유입 난민의 재분산 시스템을 받아들이도록 강제한 결과를 만들었다는 혹독한 비난을 받게 되었다. 부분적인 영향이겠지만 Brexit 논의가 확정되어 또 한번의 EU 결속력에 타격이 생긴 것도 이 시기 즈음에 일어난 것이다.

난민 문제를 두고 독일 내부 갈등이 고조되고 회원국 내부 양극화가 심화되는 중에 독일이 취한 또 하나의 정책은 EU의 이웃으로 오랫동안 EU 가입을 추진해 왔던 튀르키예와 협상을 통해 난민 유입을 억제하는 것이었다. 이른바 2016년의 EU-Turkey Deal이라 불리는 조치는 다음과 같은 요점을 가진 대책이었다. 첫째, EU 회원국 그리스로 들어오려고 시도하는 모든 비정상적인 이주인들은 모두 튀르키예로 보내질 것이다.

둘째, 튀르키예는 신규 이주자를 막는 조치를 취할 것이다. 동시에 EU와 관세동맹을 새롭게 하고 교착 상태에 빠진 튀르키예의 EU 가입에 대한 회담을 재개하기로 한다.

셋째, EU는 튀르키예로부터 나오는 시리아 난민들을 일 대 일 기준을 조건으로 하여 재정착시킬 것을 약속한다. 이를 위해 EU는 튀르키예 시민들을 위한 입국비자 조건을 완화하며, 튀르키예에 있는 시리아 난민 신청자들의 원조를 위해 60억 유로를 지불한다. 이상과 같은 요점들을 가진 EU-Turkey Deal은 난민 문제 해결을 둘러싸고 EU 내부의 분열을 막고 EU의 결속력을 유지하기 위해 EU 외부에서 문제 해결을 모색하는 것이며, 명백하게 난민 유입을 막기 위한 분명한 신호로서 기능하였다.

튀르키예의 속셈은 시리아 아사드 정권은 오래 가지 않을 것으로 판단하고 국제 사회의 책임을 공유하면서 무슬림 형제들을 포용하는 동시에 EU와의 관계 심화를 통해 경제적 혜택을 받는 것은 이익이 될 것이라고 판단했을 것이다. 그러나 이러한 튀르키예의 희망은 완전히 충족되지 못하고 제한적으로 이루어졌는데, 그 이유는 국고로 유입될 것으로 생각했던 60억 유로는 시리아 난민을 전담하는 별도 기구로 전속 배당되어 인도주의적 보조, 교육, 의료 보건, 인프라 구축 등으로 운용되었으며 이미 160만의 튀르키예 출신자를 가진 독일은 물론 다른 나라들의 무슬림에 대한 경계심이 높아졌고 현재 권위적인 튀르키예 정부 형태가 개선되지 않은 상태에서 튀르키예에 대한 비자 제한을 완화할 수도 없었고, 튀르키예의 EU 가입 논의도 지지부진할 수밖에 없었다.

이 협정은 튀르키예의 불만과 EU의 소극적 태도로 서로 불편한 관계가 지속되는 중에 튀르키예는 2020년 추가 지원 10억 유로를 요청했으나 성사되지 않았다. 이 시기에 독일, 이탈리아, 스페인 등 EU 회원국은 튀르키예와 쌍무적 협정을 맺게 되었을 뿐만 아니라 난민 신청자 수가 급감하였기 때문이었다.

기본적으로 EU와 튀르키예의 협상은 누더기 정책이라고 혹평을 받고 있었지만 난민 위기를 외부화시켜 EU 내부 결속을 유지하면서도 난민 위기를 극복하는 데 큰 도움이 되었다는 점이 큰 장점이었다. 즉 튀르키예를 이용하여 엄청난 난민의 EU 도착 자체를 막는 데 성공함

남북 경제협력의 새 비전과 과제 : 남한식 헤게모니 모색

으로써 난민 수용을 두고 벌어진 EU 내부 갈등을 무마할 수 있었던 것이다. 또한 난민 문제를 두고 최초로 28개국 모두의 동의를 얻어 정책을 추진했다는 점과 향후 난민 문제를 둘러싼 책임 분담과 운영 시스템의 개선을 통해 통합된 유럽 이주민 시스템을 세우는 데 한 걸음 더 진전을 이룩했다는 점이 지적될 수 있을 것이다.

이상에서 살펴본 대로 독일은 군사적으로는 난장이 수준이지만 튼튼한 경제력을 바탕으로 공산진영의 모범국 동독을 흡수하여 국내 통일 이룩하였으며, 종전에 분열되어 있었던 유럽을 하나의 견고한 유럽공동체 연합통일체인 EU를 만들어 단일 통화 EURO 창출하는 데 그 영향력을 여지없이 발휘하였고, 미국발 세계금융위기가 촉발한 유럽 금융위기는 물론 난마처럼 얽혀 있던 난민 위기도 독일의 헤게모니로 일단 무난히 수습할 수 있었다.

마지막으로 Brexit 문제는 영국과 EU에 큰 영향을 미치는 사건이었으나 영국 국내에 미치는 영향에 비하여 상대적으로 그 영향이 경미하여 EU 전체사회에 큰 타격을 줄 정도는 아니었다. 영국은 EU 가입 시기부터 EURO에 참여하지 않았고 영국은 전통적으로 소중히 관리해 왔던 금융과 보험 산업이 유럽국가와 통합되는 것을 원하지도 않았기 때문이었다. 따라서 이 문제에 독일식 헤게모니가 작동될 여지는 거의 없었다고 볼 수 있다.

이상을 종합하여 독일식 헤게모니를 정리해 본다면 서독이 동독을 흡수 통일한 것은 독일식 헤게모니가 동독을 굴복시켜 공산주의의 조종을 울렸던 사건이고, 독일식 민주주의와 시장경제가 마침내 과거의 냉전 이데올로기를 몰아내는 역사적 사건이었다. 많은 연구자들이 동의하듯이 독일 통일은 의도된 결과물이라기보다는 동독 주민의 자유에 대한 갈망과 동독의 후견인이었던 소련 경제가 위기에 빠지자 이것을 독일 통일의 기회로 포착하여 우연히 성공한 결과라고 보는 것에 큰 반론이 보이지 않고 있다. 그러나 1990년의 독일의 재통일 배후에는 우연성만 있는 것은 아니고 서독 정부의 당파에 구애되지 않는 꾸준한 준비과정과 경제력을 바탕으로 지루한 대외 협상을 지속했다는 점을 지적할 수 있을 것이다. 또한 중요하게 지적할 점은 통일 전후에 훌륭하게 작동했던 독일식 법체제와 관습과 제도가 있었다는 점이다. 독일은 분권형 연방제 운영에서 굳어진 정치적 협상력과 전쟁 후 더욱 정착된 사회민주주의와 복지제도, 큰 사회적 자산인 안정적인 노사 관계에서 확립된 제도와 관습은 독일 사회의 통합성을 굳건히 하여 그 외연을 확장하는 데 큰 장애가 없었던 것이다.

1995년 마침내 국제 금융시장에 공식통화로 모습을 드러낸 후 현재 미 달러 다음으로 세계 결제통화와 대외준비통화로 기능하고 있는 Euro의 창출과 운용에도 독일은 큰 영향을 미쳤는데, 그 이유는 경제력의 우위는 물론 1990년 통일 이후 동독과의 화폐통일 과정에서 겪은 귀중한 경험이 독일 헤게모니에 큰 도움이 되었기 때문이었다. 특히 유럽중앙은행 정책에서 성장보다는 물가 안정을 기본 토대로 만드는 데 성공하였는데, 이것은 곧 독일 중앙은행의 전통이기도 하였다.

이러한 독일의 헤게모니 발휘를 두고 다수의 연구자들이 "내키지 않은 헤게모니(Reluctant Hegemony)" 혹은 "반쪽짜리 헤게모니(Semi-Hegemony)"라고 부르지만 저자의 생각에는 이것은 독일식 헤게모니의 한쪽 면만을 부각한 것이 아닌가 한다. 즉 헤게모니의 정의를 너무 HST 이론에서 차용한 결과에서 생긴 것이 아닌가 하는 것이다. 독일식 헤게모니는 군사력의 압력을 전혀 발휘 못 하는 가운데서 그리고 충분히 공공재를 공급할 만한 압도적인 경제력도 없는 가운데 발휘한 독특한 헤게모니로서 "독일식 헤게모니(German Hegemony)"라고 부르거나 아니면 "경제력과 제도적 헤게모니(Economic and Institutional Hegemony)"라고 부르는 것이 오히려 적절하다고 보는 것이다.

한 가지 유의할 점은 독일식 헤게모니를 파악하는 경우 그 이름 여하에도 불구하고 그것은 어디까지나 유럽연합이라는 국가 연합을 탄생시키는 과정에서 나온 리더십이기 때문에 유럽연합의 탄생이 가지는 세계경제체제상의 의의 속에서 독일의 헤게모니를 파악하는 것이 바람직하다는 점이다. 잘 알려져 있듯이 유럽 연합은 2차대전 후 미국 중심 세계체제에 대한 지역 공동체의 대응이자, Hegemon 미국과의 헤게모니 경쟁의 소산이라는 점은 명확하다 할 것이다. 즉 헤게모니와 반헤게모니 혹은 라이벌 헤게모니는 정도의 차이를 두고 서로 조응하는 것이기 때문에 이 사실을 염두에 두고 독일식 헤게모니를 파악할 수밖에 없을 것이다.

6. 평가와 종합

지금까지 우리는 세계체제론과 헤게모니에 관한 이론들을 간단히 살펴보았는데, 그 목적은 개별적으로 각 접근이 어떤 초점을 가지고 있으며, 헤게모니 측면에서 어떤 특성을 가지고 있는지를 살펴보는

데 있었다. 전술한 바와 같이 각 이론은 초점이 다르거나 이념적 지향이 다르고, 지역적으로는 헤게모니가 미치는 범위에 서로 차이가 있음을 확인할 수 있었다. 이제 우리는 보다 구체적으로 우리가 살고 있는 한반도 내에서 Hegemon 미국의 헤게모니가 어떻게 전개되어 나왔으며 2차대전 후 비약적인 경제 발전을 이룬 남한이 향후 어떤 헤게모니를 발휘하여 반헤게모니 세력인 북한과 평화 협력적인 경제 관계를 이룩할 것인가 하는 과제를 안게 되었다.[37] 이를 위한 사전 작업으로 우리는 지금까지 검토하였던 헤게모니론들을 종합적으로 평가하고 그들 상호 간 연관성을 파악하고 세계체제 틀 내부에서 각 이론이 발휘하는 헤게모니 특징을 요약 정리할 필요가 있다.

먼저 월러스타인의 세계체제론에서 보이는 헤게모니는 구조적으로 만들어진 중심, 주변 준 주변이라는 3극제체 속에서 중심 자본주의 국가들의 헤게모니를 의미하는 것으로 1970년대에 들어와서 미국의 헤게모니가 상대적으로 약화되어 중심 자본주의 국가들의 위상이 변동되었다는 점, 그래서 선진 중심 자본주의 국가들 간의 헤게모니 쟁탈전이 고조되어 마침내 세계체제 전환의 국면에 직면했다는 점을 강조하고 있는 것인데 그렇다고 해서 3극체제의 본질적인 측면이 붕괴되었다고는 보지 않고 주변부 개도국들 여전히 불평등한 국제분업체계를 감수하고 있다는 논지를 견지하고 있다. 하지만 이런 논지는 한국을 비롯한 일부 신흥공업국가들의 출현으로 말미암아 현존하는 국제분업체계 속에서도 공업국가로의 지위상승을 도모할 수 있다는 현실이 증명되자 그의 해당 주장이 설득력을 잃고 말았다.

---

37 IV장에서 이 부분을 보다 자세히 살펴보기로 한다.

남북 경제협력의 새 비전과 과제 : 남한식 헤게모니 모색

다음으로 헤게모니 안정화론(HST)에서 보이는 헤게모니는 역사적으로 영국과 미국이라는 단일 Hegemon이 발휘했던 형태로서 여타국과는 구별되는 초월적 국가 지위를 가지고 국제결제체제와 교환체제, 국제 금융망, 국제기구 창설과 군사안보 제공 등 광범위한 공공재를 공급하여 범세계적 리더십을 행사하는 형태를 말한다. 자본주의체제 성립 후 2차대전까지 영국의 헤게모니, 그리고 2차대전 후 미국의 헤게모니가 여기에 해당한다고 볼 수 있다.

세 번째로 글로벌 세계체제론에서 나타난 헤게모니는 개별 국가 단위에서 나타나는 것이 아니라 중심부에서 일어나는 초국적 관행이 글로벌체제를 이끌어 나간다고 보고 있다. 이런 초국가적 관행은 초국적 Hegemonic Power가 만든 초국적 경제관행이 중심이 되고 하위적으로 문화 이데올로기(사실상의 미국 소비주의)가 복합적으로 작용하여 구축된 체제이다. 현재의 세계 자본주의체제를 반영하는 이 체제 안에서 국가의 기능은 전체 Hegemonic Power의 일부에 불과하며 이미 굳어진 국제제도와 국제관행이 실질적인 역할을 담당하고 있는 실정이다. 미국의 경우 민간 자본이 운영하는 우주 항공 산업분야 공공재 공급이 늘어나고 있고 수많은 민간 정보통신 회사들이 세운 Backbone과 운영체계가 이미 초국적 관행이 되어 세계 시민들의 생활 속에 깊게 들어와 있다.

마지막으로 독일식 헤게모니를 살펴보자. 독일식 헤게모니의 특색은 일단 유럽이라는 지역에서 발휘된 헤게모니로서 HST에서 보이는 글로벌 헤게모니와는 다른 지역적 헤게모니라는 특성이 있다. 그러나 그 내용은 HST의 것과는 달리 단일 국가의 일방적인 공공재 공급형태를 취하는 것이 아니라, 교섭과 합의를 기초로 연합국가의 협의 형태를 취하는 다극체제 헤게모니로 평가할 수 있다. 또한 독일이 제공하는 공공재 형태도 법과 제도(관습)를 함께 제정하고 이미 존재하였던 유럽법원과 의회의 도움을 받아 마침내 중앙은행의 설립 그리고 세계경제사에서 그야말로 획기적인 사건인 역내 단일 통화를 창출하는 형태를 보이고 있다. 이 과정 중에 독일이 보인 헤게모니는 일부 희생적 혹은 소극적인 태도와 스스로 모범을 보이는 태도를 견지하며 역내 결정적인 영향력을 이끌어 낸 것이다(아래 [표III-1] 헤게모니 논의의 비교 참조).

[표III-1] 헤게모니 논의의 비교

구분	국제체제 (Hege-mon)	국가 지위	공공재 공급	리더십 특징	이념적 배경	Anti (Rival) Hege-mony 국가	비고
세계체제 (전환)론	3극체제 (중심 자본주의)	Inter-State System	무 개념	선진자본주의간 Hege-mony 쟁탈전	비(반)주류, 종속학파	무 개념	신국제경제질서 (NIEO)
헤게모니 안정성론 (HST)	단일체제 (영국, 미국)	단일 국가의 초월적 지위	국제기구 창설, 군 사안보 제공, 국제 금융망 제공	범세계적, 적극적(일방적)	주류 신고전학파	이란, 북한(중국)	Pax Britan-nica, Pax Ameri-cana

글로벌 세계 체제론	초국적 체제	(초국적 Hege-monic power의 일부)	초국적 관행, 규범	경제적 초국적 관행, 문화-이데올로기	Neo-Grams-cian	중국	글로벌 자본주의 체제
독일식 헤게모니론	다극체제 (중심 회원국)	협의식 연합국가	역내단일 통화, 역내 금융법, 제도 중앙은행	지역적, 소극적 영향력 (합의 식)	주류 신 고전학파	(미국, 중국)	EU (유로)운영 체제

자료: 저자 직접 작성

한 가지 유의할 점은 독일식 헤게모니가 미국 헤게모니와의 어떤 관련성을 가지고 있으며 그 특징을 어떻게 정리할 것인가 하는 점이다. 큰 그림으로 본다면 독일 경제는 전후 경제 부흥 시기에는 세계 자본주의 기관차 역할을 담당하던 미국의 헤게모니에 적극 편승하여 적극적으로 Fordism 축적체계에 동참하는 수준에 있었으며 자신의 헤게모니를 구축할 여지가 없었다는 점이다.

그러나 이미 살펴본 대로 대개 1970년대와 1980년대 들어와 독일의 경제는 일본경제와 함께 미국의 산업경쟁력을 앞지르게 되어 이들 간 산업경쟁력 확보를 위한 각축이 전개되었다. 이러한 선진 자본 간의 치열한 각축에 직면하여 1970년대 초 미국의 돌파구는 그간 잠자던 거인 중국을 자본주의체제로 편입하여 미국 자본 수출을 본격화함으로써 미국내 물가 안정은 물론 대량 생산 대량 소비체제인 Fordism을 국제화시키고 안정화시키는 전략을 구사하였다.

이에 대하여 당시 독일에서는 지식-기술 산업 부문은 협조적인 노동조합체계와 거대 상업 자본의 보호 아래 성공적인 수출 주도 부문으로 남기고, 상대적으로 국제경쟁력이 약화된 범용 소비재 부문을 신흥공업국들과 남유럽과 동유럽으로 이전시켜 소비재 부문에서의 내부 구조 조정과 산업 합리화로 대응하여 이른바 신국제분업패턴으로 대응함으로써 미국의 헤게모니에 편승한 독일 자본의 자본 전략 (축적 전략과 Hegemonic Projects)이 성공적인 결과로 귀착되었다.

1980년대에 들어와 미국의 축적체계가 이른바 신자유주의 축적체계로 이행되자 1990년대 초 독일과 유럽은 마침내 EU 결성과 유럽 단일 통화인 유로를 창출함으로써 달러 중심의 미국 헤게모니에서 탈피하여 독자적인 금융 헤게모니를 확보하는데 성공하였다. 이 과정 중에 독일이 수행한 헤게모니는 거대 연방국가의 헤게모니와의 직접 대결을 피하고 인근 지역 국가들을 연합국가로 규합하여 집단적 라이벌 헤게모니를 구축하는 것으로 자신의 역할은 일방적으로 군사적이나 공세적 태도를 취하는 것이 아니라 오직 법과 관습, 그리고 엄격한 경제 논리에 따른 규범주의를 추구하며 꾸준한 협상을 통하여 스스로 모범을 보이는 식의 수동적, 협력적 헤게모니를 발휘하여 마침내 성공적인 독일식 헤게모니를 완성하였다. 바로 이러한 점이 난마처럼 얽혀 있는 남북 경제협력을 풀어 가는 데 하나의 좋은 실마리를 제공할 수 있을 것이다. 이하에서 한반도에 전개된 Hegemon 미국의 역할을 살펴본 다음, 현재까지 확인된 남한의 리더십 발휘 역량을 점검해 보기로 하자.

남북 경제협력의 새 비전과 과제 : 남한식 헤게모니 모색

Ⅳ 미국의 한반도 시각과
   남한의 국제적 위상

 ## 1. 한반도 분단구조의 전개:
   냉전적 대결구도에서 화해 협력구도로

   2차대전이 끝나고 1948년 8월과 9월 미군과 소련군은 각각 남한과 북한으로 진주하여 남한은 미국이 주도하는 자유민주주의체제를 세웠고, 북한은 소련의 보호 아래 공산주의체제를 만들어 한반도는 냉전체제의 분단구조 아래 상호 적대적 관계로 접어들었다. 이어서 1950년 6.25 전쟁 이후 1953년 정전 상태로 들어간 후 지금까지 남북한 관계는 적대적 관계가 심화되고 군사 안보적 긴장이 계속되었다.

   잘 알려져 있듯이 1953년 7월 27일 휴전 협정은 핵심 당사자인 남한이 빠진 채 미국과 북한, 중국만의 휴전 협정인데, 형식상으로 볼 때 남한은 정전협정을 준수할 의무가 없다거나 북한이 남한을 종전 혹은 평화 협정의 주체로 인정하지 않는다거나 할 수 있는 다툼의 여지가

있는 협정이었다.[38]

당시 남한의 이승만 대통령은 통일 없는 휴전에 극렬하게 반대하여 휴전협정을 인정하지 않고 북진 통일을 지속적으로 천명하여 미국과 갈등을 유발하였지만[39] 그가 바라던 한미상호방위조약(1954)을 얻어 냄으로써 미국과의 갈등을 봉합하였다.

즉 2차대전 종식 후 한반도에 점령군으로 진주한 미군(1945년 9월 8일)과 소련군(1945년 9월 8일)은 우리 민족의 동의와 상관없이 38선을 그어 놓고 국토 분단과 정치적 체제적 분단구조를 만들어 놓은 다음 자신들이 원하는 각기 다른 정부를 만들어 남한은 대한민국(R.O.K. 1948.8)으로 북한은 조선민주주의인민공화국(D.P.R.K. 1948.9)으로 서로 다른 체제로 분열되고 말았다. 이런 분열은 마침내

---

38 정전 협정에 서명한 사람들은 유엔군 수석대표(미 육군 중장, 윌리엄 K 해리슨), 유엔 총사령관(마크 웨인 클라크), 북측 수석대표(조선인민군 대장 남일), 조선 민주주의 인민공화국 원수(김일성), 중국 인민지원군 사령관(펑더화)로 남한 총 사령관과 남한 국가 수반은 서명을 거부하였다. 그럼에도 불구하고 휴전협정은 남한에도 유효하게 적용되었는데, 그것은 전쟁 중에 이승만 대통령은 유엔군 사령관에게 작전권을 이양한 상태로 휴전협정 당시에도 군 지휘권을 환수하지 않았기 때문이었고 정전협정에 국가 원수가 꼭 서명할 필요도 없었기 때문이었다.

39 6.25 사변을 남북 통일의 기회로 삼고자 했던 이승만은 남한의 동의 없이 체결된 휴전협상에 강한 반감을 가지고 미국과 갈등하였다. 휴전협정을 마치고 이승만을 방문한 미국 대표단들과 면담에서 주고받은 설전은 그것을 잘 반영하고 있다. 대표단은 한국 통일 문제는 정치 문제이고 이번 휴전협정은 군사적인 문제로서 서로 다른 차원이고 통일은 후속 평화적인 협상을 통해 접근할 수 있을 것이라고 주장하자 이승만은 전쟁에서 무력으로 승리할 수 없었던 당신들이 어떻게 정치적 협상으로 그들을 설득할 수 있겠는가를 반문하면서 필요한 경우 남한 단독으로 북진 의사를 천명하였다. 그 뒤 실제로 2차례나 북진 계획을 수립하자 미국은 휘발유 저장고를 폐쇄하여 이승만의 시도를 통제하였다. 그 뒤 유엔 사령부의 권한에 속한 반공포로를 일방적으로 석방하는 등 미국과 지속적인 갈등을 유지하다가 한미 상호방위조약의 체결(1954.11.18 발효)로 갈등이 해소되었다. 비록 이 조약은 NATO와 같은 강력한 수준의 방위조약은 아니었지만 한반도 미군 주둔을 확실히 하여 미국의 대한 안보 군사적 책임을 명기함으로써 이승만의 동의를 얻게 되었다. 결과적으로 6.25 사변 이후 미국은 기존의 전작권과 함께 한미 상호방위조약을 통해 한반도내 미국의 헤게모니의 중요한 2개의 축을 구축하게 되었다. - 우남전기편찬위원회, 단기 4291년(1958), pp. 211-212.

적대적 관계로 발전하여 6.25 전쟁과 연결되어 지금까지 남북 상호 간 적대감을 증폭시켜 왔다고 볼 수 있다.[40] 결국 외세가 만든 38선이 전쟁 후 휴전선으로 굳어져 70년간의 긴 세월을 두고 남북 상호 적대적 분단체제를 고수해 온 것이다.

그러나 이러한 적대적 분단구조 가운데 국제 정세의 변화와 남북 양쪽의 정황에 따라 남북 간 관계의 변화도 확인되고 있다. 남한은 노태우 정권을 시작으로 과감한 북방정책을 고수하여 한-소 수교(1990.9), 한-중 수교(1992.8)를 이루어 내고 현재는 중-러 양국 모두 남한과 전략적 협력 동반자 관계(Strategic Cooperative Partnership)를 맺으면서 정치 문화 예술 경제면에서 남한에게 가장 중요한 국가들이 되어 과거 냉전의 유산이었던 적대 관계를 완전히 해소하였지만 북한과의 냉전 유산 정리와 정전처리가 아직 미완으로 남게 되었다.

한편 북한은 아직까지 냉전의 유산을 떨쳐 내지 못한 냉전의 국제 고아가 된 신세가 되었다. 북한은 체제 안정과 정상국가를 희망하면서 Hegemon 미국과의 관계 개선을 추진하고 있으나 아직까지 상호 간 적대적 관계를 해소하지 못하고 있다. 즉 현재 북한은 산업의 근대화와 경제 발전을 염원하고 있고 자신들만의 고유체제 안정과 그것을 국제적으로 인정받는 것을 원하고 있지만 이런 두 가지 목표는 Hegemon 미국 입장에서 상호 모순으로 여기고 있으며, 핵실험과 미

---

40 6.25 전쟁을 표현하는 용어는 아직 통일된 용어가 없다. 남쪽에서는 통상적으로 "6.25 사변"이니 "6.25 동란" 등으로 표현되고 있고 북한은 "조국해방전쟁"으로 표현하며, 미국은 "한국전쟁" 중국은 "항미원조(抗美援助)"로 표현하고 있다. 한편 6.25 전쟁의 개전 책임을 두고 논쟁이 아직 완전히 끝난 것은 아니지만, 남한의 진보학계에서는 Bruce Cummings의 "남침 유도설"을 대체적으로 수긍하는 편이다. 자세한 것은 정병준(2006), Bruce Cummings(1990)을 참고할 수 있다.

사일 도발로 특징되는 북한 정권을 불량국가(Rogue State)로 치부하고 있다.

　이러한 정세하에서 남한은 우월한 경제를 바탕으로 수차례 남북 정상회담 개최는 물론 북미 정상회담을 통해 평화 무드로 개선하고자 노력하였으나, 2023년 현재 남한과 미국의 정권 교체로 남북 화해와 협력구도는 잠시 주춤하고 있는 실정이다. 하지만 전체적인 한반도 정세는 군사적 대결보다는 협상에 의한 화해구도의 방향은 이미 기초가 놓아진 상태라고 볼 수 있다.

　주지하다시피 한반도 냉전구도의 해소와 남북 간 관계개선 문제는 국제적 이해관계 속에 깊게 관련되어 있고 남북한 독자적 운신의 폭이 매우 좁게 되어 있는 실정이기 때문에 남북한 당국은 이러한 여건을 탈피하기 위한 상호 간 노력이 필요하다 할 것이다. 이를 위한 첫 단계는 세계체제의 구조를 파악하는 한편 무엇보다 세계체제의 핵심 국가인 Hegemon 미국이 바라보는 한반도 시각에 대한 이해가 선결되어야 할 것이다. 이하에서 우리는 남한과 미국과의 관계, 그리고 북한을 바라보는 미국의 시각을 중심으로 미국의 대 한반도 시각을 정리하기로 하자.

 ## 2. 미국의 한반도 시각

1) 남한과 미국의 경제협력 과정

　2차대전 후 Hegemon으로서 미국은 동북 아시아 지역에서도 자신의 패권적 지위를 유지하고 군사적 경제적 이해를 관철시키기 위해 노력하였다. 먼저 패전국 일본 경제의 전후 복구 사업을 지원하고 교착 상태에 있었던 한일 관계를 정상화시켜 동북아에서 자본주의 시장을 확고히 하는 한편 일본에게 군사적으로 미 지상군 주둔과 핵우산을 제공하여 경제와 군사적 공공재를 공고히 하였으며, 남한에 대해서도 6.25 전쟁 후 많은 군사원조와 경제 원조를 제공하여 미국이 주도하는 자본주의 시장경제체제를 수립 발전시키는 한편 당시 적대적이었던 사회주의권역인 중국과 소련의 영향력을 차단하고자 노력하였다. 즉 1950년대 6.25 전쟁 직후 미국은 휴전을 반대하여 협정과정에 참석도 하지 않았던 남한을 달래기 위해 상당한 군사 원조와 경제 원조를 제공하였는데, 1997년까지 누적된 경제 군사 원조의 총액은 190억 7천만 달러로서 그중 110억 5천만 달러는 무상 원조였으며 이 무상 원조 중 64억 4천만 달러 상당액이 군사용이었다. 당시 남한에 도입된 경제 군사용 원조 규모는 1948년부터 1962년까지 평균 원조 규모가 당시 전체 국민총생산의 12%를 차지할 정도의 막대한 비중이었지만 이스라엘의 561억 달러, 이집트 367억 달러, 베트남의 218억 달러보다는 적은 규모였다.[41]

　　그러나 이러한 막대한 미국의 대 남한 원조는 미국이 남한에 베푼 일방적인 시혜의 측면만이 있는 것은 아니었다. 당시 미국 내부에서 잉여 농산물의 처리 문제와 2차세계대전 후 급격히 성장한 군수 산업의 관리가 필요하였던 것이다.

　　또한 미국의 원조자금으로 미국의 자본재 수출 즉 남한의 미국으

41　Selig S. Harrison(2002), xv.

로부터의 수입이 늘어나게 되어 있었던 점, 그만큼 미국의 산업재 군수품의 수출 시장이 확보되는 이점이 있었다. 실제로 1999년에 남한이 미국으로부터 수입한 군수품 규모는 117억 달러였으며 1996년과 1997년 사이 남한의 군사용 수출 면허 대금으로 미국에 지급한 금액이 20억 달러에 달한 점을 상기할 필요가 있을 것이다.

이 시기에 추가적으로 언급되어야 할 점은 당시의 남한 경제사회 발전과정에 미국식 제도와 관습이 군사, 경제 문화 등 다방면에 광범위하게 진행되었다는 점이다. 군대 조직의 지휘체제, 규율과 훈련 방식이 미국식으로 명문화되는 한편 군대 엘리트를 직접 미국 내 군사훈련기관에 유학시켜 한국군이 미군과 합동으로 기동할 수 있는 제도와 관습을 확립시켜 왔다.

동시에 미국 원조와 더불어 미국 개신교 세력이 남한의 종교계와 교육계에 안착하였고 이후 수많은 남한의 유학생들이 미국식 문화와 교육을 남한으로 이식하는 계기가 되었다. 결국 1950년대 6.25 전쟁 후 미국의 남한 원조는 일방적으로 미국 정부가 시혜적으로 베푼 것이 아니라 미국의 민간 자본이 직접 남한에 진출하여 이윤 추구 활동을 유도하기 위한 정부 투자였던 것이다. 당시 이런 미국의 원조에 기댈 수밖에 없었던 남한은 수원국의 위치에서 미국이 재편하는 세계시장에 수동적으로 편입되어 자율적 그리고 내재적 발전을 위한 재생산 구조를 갖지 못한 채 더 많은 원조를 받거나 차관 등 다른 형태의 자본 도입의 추구로 연결될 수밖에 없었다.

이러한 논리가 1960년대와 1970년대 본격적인 경제 개발 시대로 연결되었다. 즉 1960년대 남한은 경공업 수출 주도 공업화를 추진하는

남북 경제협력의 새 비전과 과제 : 남한식 헤게모니 모색

한편 전국의 중요 국영 혹은 공기업 기업의 수장과 전국 주요 공단의 이사장을 대부분 퇴역 장성과 고급 군인 출신으로 채우고 기업 경영을 병영식으로 추진하였다. 이러한 기업 문화는 당시에 미국에서 도입된 대량 생산 대량 소비체제인 Fordism을 남한 내 생산체제에 맞춘 주변부 포디즘(Peripheral Fordism)이라 할 수 있는데, 그 내용은 대량 생산에 대한 충분한 소비 여력이 없는 남한이 취할 활로는 수출뿐이었고, 국제 경쟁력을 위한 저임금 유지와 강도 높은 노동통제와 사실상의 병영식 노사 관리가 자연스럽게 굳어지는 체제가 되었다. 당시의 남한의 이데올로기는 "조국근대화"로서 엘리트 군인 출신, 재벌 그룹의 경제 엘리트, 미국 학력을 배경으로 한 교육계, 언론층이 주요 역사적 블록을 형성하여 큰 저항 없이 남한 자본주의를 견인하였다고 볼 수 있다.

그러나 1960년대 경공업 위주 수출전략은 곧 한계에 부딪히게 되었는데, 주요 원인으로는 관련 산업의 수출이 미국을 비롯한 선진국 시장으로 편중되어 있어 고품질을 위한 제조 생산기술과 장비를 고가로 도입해야 했고 관련 원료도 전량 수입에 의존하는 구조였기 때문에 수출할수록 수입을 늘려야 하는 어려움이 있었다. 또한 그동안 가격 경쟁력을 뒷받침해 주었던 저임금의 저수지가 고갈되어 임금도 일정한 수준으로 상승하였기 때문에 상황은 더욱 악화되었다.

이러한 1960년대 경공업 수출 주도 경제 발전의 애로를 타개하기 위해 남한이 채택한 경제 발전 전략은 1970년대 의욕적으로 추진된 중화학 공업화 전략이었다. 즉 남한은 종래의 경공업 수출 위주의 패턴에서 곧 바로 중화학 공업 전략을 추진한 것인데 이것은 남미의 수입대체 공업화 전략의 실패를 답습할 수 있는 위험한 전략이었다. 왜냐하면 중화학 공업 제품은 경공업 제품과는 다르게 자본의 회임기간이 길 뿐만 아니라 막대한 투자 자본의 조달은 물론이고 관련 기술 흡수와 생산 과정의 수직 수평 계열화, 잘 짜여진 유통과 수출 네트워크의 확보가 필수적인데, 이들을 모두가 갖추는 것은 단기간 동안 달성하기가 거의 불가능하기 때문이었다.

이런 문제를 잘 파악하고 있었던 남한 정부는 남미와 같은 수입대체 공업화를 추진한 것이 아니라 경공업 위주 수출 주도 공업화에서 중화학 공업 제품의 수출 주도 경제 발전 전략, 이른바 수출대체 공업화 전략을 추진하게 되었다. 그러나 남한의 중화학 공업 제품수출 정책은 남미의 수입대체 전략보다 더 어려운 발전 전략이었다. 왜냐하면 경제 발전 단계상 특히 국제분업 단계발전 이론상 아무 매개 개념 없이 경공업 수출에서 중화학 공업 제품 수출로 이행하는 것은 이론상 불가능하고 현실적으로 이행하기 불가능하기 때문이다.

이러한 이론적 모순과 현실적 이행 불가능을 해결할 수 있는 유일한 방안은 남한이 중화학 분야 외국생산자본을 직접 유치하거나 국내 기업이 거대 다국적 기업의 위탁 가공형 국제 하청을 수행하는 것이었고, 이러한 형태의 수출대체 전략은 곧 남한의 신국제분업체제의 편입을 의미하는 것이었다. 남한 정부는 마산수출 자유지역을 비롯하여 전국 도시 인근에 전문공단을 설립하는 한편 자본의 국제 경쟁력 확보를 위한 강력한 노동통제와 1970년대 "유신체제"라는 엄격한 권위주의 정부를 탄생시킨 주요한 배경의 하나가 되었다고 볼 수 있다.

이 시기 남한 정부는 대규모 차관 도입과 더불어 본격적으로 국내 금융시장을 개방하기 시작하여 미국계 은행들을 대상으로 대량의 Swap 자금 협정을 맺어 국내 영업을 허용하는 대가로 이자 지급 없는 외화 자금을 확보하는 한편 서독 광부와 간호사 본국 송금, 중동 특수를 통한 해외 건설 용역 사업 등으로 유입되는 외화자금을 막대한 자본재 수입 대금으로 일부 충당하였다. 동시에 전자산업, 조선, 신발 산업 등 대규모 조립 가공 산업의 OEM 수출을 장려하고 미국과 일본의 해외 중화학 생산 자본을 국내로 유치하기 위해 외자도입법을 대폭 개정하는 등 해외 직접 투자 유입 정책을 시도했으나 큰 성공을 거두지 못하고 외채를 상환하기 위해 더 한 층의 외채를 도입해야 하는 외채의 늪에 빠지게 되었다. 즉 1970년대 남한은 중화학 공업 제품을 선진국으로 수출하는 이른바 신흥공업국으로 부상하였으나 2차에 걸친 석유 파동과 국제 원자재 파동 등으로 큰 성과를 거두지 못하였다. 다소 거칠게 말한다면 1970년대 중화학 공업화 정책은 과도한 외채의 늪에 빠져 그 한계를 맞이하게 되었으며 결국 유신체제의 종말을 가져온 것으로 볼 수 있을 것이다.

1980년대 남한은 제5공화국이라는 새로운 권위주의 정부가 출현하여 중화학 공업화정책은 큰 전기를 맞이하였다. 당시 군사정부는 대규모 중화학 분야 투자 재조정과 기업 간 통폐합이라는 전례 없는 조치를 강행하여 중화학 분야 과잉 중복 투자를 정리하고자 노력하였으나 이 과정은 남한 경제의 필요악적 존재인 재벌 중심 경제 운영과 정경유착이라는 폐해를 더욱 가중시켰다. 그러나 이 시기 말기(1986-1989)에 이른바 3저(저금리, 저유가, 저달러)현상이라는 유리한 대외 환경으로 남한 기업들은 서서히 국제 경쟁력을 회복하였고 점차 외채의 늪에서 벗어나기 시작하였다. 또한 재벌기업 중심으로 재편성된 중화학 공업이 낙수 효과를 누리며 내재적 발전을 이룩하고 수출산업이 꾸준한 성장세를 유지할 수 있게 되어 안정된 국제 경쟁력을 확보하게 된 것은 큰 행운이라 할 수 있었다.

그 뒤 1990년대 남한 사회는 권위주의 정부 형태를 뒤로하고 이른바 "문민정부"의 세계화 시대를 맞이하여 남한 경제는 OECD에 가입하여 선진 경제의 틀을 다지고 더욱 금융시장을 개방하고 대외 교역과 투자 확대의 길을 걷게 되었다. 문제는 많은 부분 단기로 도입된 외채를 장기 투자로 해외로 진출하는 무모한 세계화 정책을 추진하였다는 점이다. 그 결과는 1998년의 "IMF 구제 금융 사태"로 나타나게 되어 남한 경제의 전례 없는 위기를 맞이하게 되었다. 이런 위기 사태를 돕기 위해 미국은 자신의 영향력 아래에 있는 대규모 IMF 구제 금융을 유도하고 미국 자신이 직접 공공재 공급 형식으로 114억 4천만 달러의 신용제공과 170억 달러의 구제 금융 패키지를 제공하여 위기 수습에 나서게 되었다.

1990년대 특기할 사항은 미국의 승인 아래 본격적인 대 북한 정책이 추진되었다는 점이다. 1998년 출범한 김대중 정부("국민의 정부")는 국민의 전폭적인 후원을 받아 IMF 구제 금융체제를 극복하는 한편 금강산 관광 사업, 개성공단 사업, 남북 경의선 복원 사업 등 전례 없이 과감한 대 북한 정책 사업을 진척시키고, 교착 상태에 있는 북핵 문제를 풀기 위해 미국과 동조하여 국제기구인 KEDO(Korean Peninsula Energy Development Organization)를 출범시키는 등 활발한 대북 정책을 전개하였다.

비록 이 시기부터 현재까지 남한의 대 북한 정책은 비록 보수와 진보 정권의 정책 방향에 따라 부침을 거듭하고는 있지만 한때는 본격적으로 북한을 국제 사회로 이끌어 내고 미국과의 직접 대화를 견인하기도 하고 남북한 직접 접촉을 긴밀히 하는 결정적인 리더십을 발휘하기도 하였다.

2) 북한을 바라보는 미국의 시각

해방 후 현재까지 미국의 대북 정책은 주로 미국 국내 정치권의 변동과, 남한과 미국과의 관계를 축으로 하여 전개되어 나왔다고 볼 수 있다. 큰 그림으로 본다면 미국은 1948년 정권이 수립된 북한을 국제 사회 일원으로 인정하지 않고 지금까지 미 수교국으로 남겨 놓았으며 부시 행정부 때는 불량국가, 테러지원국가 "악의 축" 같은 언어를 사용하여 이란과 시리아를 포함해서 분명한 적대국으로 못 박고 있다. 하지만 트럼프 행정부 때에 들어와 2018년 역사상 최초의 북미 정상회담을 개최하여 그 후 추가적으로 2차에 걸쳐 연 3차례 정상회담을 통하여 북미 관계 정상화와 완전한 비핵화, 체제 보장 등의 이슈를 논의했으나 합의에 이르지는 못하고 말았다. 전체적으로 미국이 바라보는 북한은 대등한 주권국가의 일원으로 대하는 것이 아니라 타도해야 할 집단으로 인식하는 경향이 강하다.

1990년대 사회주의 종주국인 중국 소련과 동구의 대다수 국가들이 모두 버린 이미 구 시대의 퇴물인 사회주의체제가 북한에 존재한다는 것을 인정하는 것도 못마땅하지만 Hegemon 미국에게 호전적인 태도를 보이며 국민들의 인권을 유린하는 정권에 우호적인 태도를 보이기가 어려운 것이다. 또한 미국은 이데올로기 측면에서 이미 냉전에서 승리하여 세계 자본주의 천하 통일을 이루어 놓은 상태이기 때문에 북한에서도 이것을 확인하고 싶은 측면이 있다.

3) 미국의 한반도 시각 종합

미국의 대 한반도 정책은 미국 내부의 정권 지향에 따라 그리고 동북 아시아를 둘러싼 4대 강국들과의 관계와 남한과 미국 간의 관계에 의해 조금씩 변화를 보여 왔으나 종합적으로는 동북 아시아의 자본주의 시장 질서를 수호하고 동 지역의 안보와 안정을 확보하려는 Hegemon의 입장을 강하게 유지하고 있다고 볼 수 있다. 그러나 현재의 미국은 과거와 같은 강력한 리더십을 가지고 있지는 못한 상태에서 라이벌 Hegemon 자리를 노리는 중국을 견제해야 하기 때문에 남한과 일본 그리고 호주 등 전통적인 우방국들과 연합전선을 구축하는 것이 시급한 과제이다. 이미 반도체, 조선 자동차 등 주요 핵심 산업에서 대국의 위치에 있는 남한과 한 차원 높은 군사 경제 관계를 고려해야 하고 여전히 강대국인 일본과 협조하여 동북 아시아 안보와 지역 안정을 도모해야 한다.

따라서 세계체제 측면에서 본다면 미국의 대 북한 정책은 이미 이루어 놓은 3차례의 정상회담을 바탕으로 잠재적 Hegemon인 중국을 견제하는 방향으로 정책 방향이 굳어질 개연성이 높다. 북한도 기존의 대미 전략이 얼마나 효과적이었는가를 재검토할 것이고, 일방적으로 심화되어 가는 중국 의존도에 경각심을 가지고 있을 것이기 때문이다.

남한 정책 담당자들의 입장에서 문제의 핵심은 미국과 중국이 가지고 있는 대 한반도 전략과 시각이 어디에 있는가를 살피는 것이 아니라 이미 Sub Hegemon의 입장에 들어 가고 있는 남한이 대북 문제와 대미 대 중국 문제를 어떻게 주도적으로 이끌어 나갈 것인가 하는 점이다. 이것은 결코 탁상 공론의 차원이 아니고 2017년 문재인 정부가 추진한 평화와 번영을 위한 청사진인 "한반도 신경제지도"[42]에서 이미 구체화된 내용이다. 이런 논리를 뒷받침하기 위해 우리는 현재 남한의 세계체제 내의 위상을 살펴보는 것이 필요할 것이다.

 ## 3. 남한의 국제적 위상

잘 알려져 있듯이 한 나라의 국제적 위상은 주로 경제 수준 비교를 통하여 상대적으로 평가하는 경향이 있다. 이러한 경제 수준의 비교는 주로 국민소득이라는 GDP의 규모와 구성에서 보이는 주요 거시 경제 지표들을 평가기준으로 삼게 마련이다. 또한 이러한 경제적 위치와 더불어 군사, 군수 산업은 물론 소프트 파워라고 할 수 있는 문화 예술 분야에서 해당 나라가 어떤 세계적 위치에 서 있느냐 하는 점도 보조적으로 중요한 요인이 된다고 볼 수 있다. 마지막으로 중요한 점

---

42 한반도 신경제지도는 2017년 11월 9일 한-인도네시아 비즈니스 포럼에서 문재인 대통령이 기조연설로 공식 천명한 정책 슬로건이다. 신남방정책에 포함되는 국가들은 아세안 10개국(브루나이, 캄보디아, 인도네시아, 라오스, 말레이시아, 미얀마, 필리핀, 싱가포르, 태국, 베트남)이며 기존의 신북방정책 국가(러시아, 몽골, 유라시아 국가)를 포함하여 한반도 신경제지도를 표현하고 있다. 이러한 신난방정책은 2020년 코로나 확산을 계기로 "신남방정책 Plus"로 정책 기조를 한 단계 고도화시켜 추진하기도 하였다. - 정은이 외 4인(2020).

은 현재의 위상 못지않게 실현 가능한 잠재성 역량도 전체 위상에 포
함되어 고려되는 것도 바람직할 것이다. 이하에서 우리는 논의의 편
의상 거시 경제 지표를 중심으로 현재 남한 사회가 가진 국제적 위상
을 분야별로 살펴보기로 하겠다.

1) 주변국과 비교

남한의 국제적 위상을 살펴보는 첫 단계로서 우선 남한과 밀접한 사
회경제 관계를 갖고 있는 주변국들의 주요 경제 지표를 비교하여 보
기로 하자. [표IV-1]에서 잘 나타나 있듯이 남한 사회는 한반도에 가
장 영향을 미치고 있는 4대 강국과 각종 경제 지표에서 우월한 위치
를 점하고 있다. 구매력 평가 기준으로 남한의 일인당 GDP는 이미 일
본을 추월하였으며, 분배 상태를 보여 주는 GINI 계수에서도 최상위
를 보여 주고 있다. 특히 GDP 대비 공공부채 비율도 가장 양호한 수
치인 46%를 보여 줌으로써 216%를 보이고 있는 일본과 미국과 대조
를 보이고 있다. 남한은 이미 교역 규모가 1조 달러를 상회하는 가운
데 2021년 기준 세계 8위의 수출 대국이며, 세계 5위의 경상수지 흑자
국, 외한 보유국 상위 그룹에서 제9위를 차지할 정도로 안정적인 수치
를 보여 주고 있다. 그 이외에도 산업 성장률은 중국을 제외하면 가장
높은 수준인 5%이고 인플레이션율 2.5%, 실업률 3.5%로서 여타국과
비교하여 매우 안정적인 수치를 보여 주고 있다([표IV-1] 참조).

2021년도 기준 남한의 경제 구조는 다른 OECD 국가들과 마찬가지
로 제조업(27.9%)과 서비스 부문(62.5%)이 90.4%를 점하는 선진국형

경제 구조를 가지고 있으나 미국, 일본을 포함한 다른 선진국들과는 다르게 무역 의존도가 압도적으로 높다. 일반적으로 무역 의존도는 경제 발전에 따라 자연스럽게 증가하는 것이지만 남한의 경우 1960년대 이후 지속적으로 추진해 온 수출 주도 공업화 발전 전략의 결과를 반영한 것으로 평가할 수 있다. [표IV-2]에서 보는 바와 같이 2021년 남한의 경우 GNI 대비 수출입 비율이 84%를 점하고 있는데, 이것은 영국 독일 스웨덴과는 비슷한 수치이지만 미국과 일본 중국 등에서 보이는 40% 미만의 무역 의존율보다는 매우 높은 수준이다. 따라서 그만큼 남한 경제는 해외요인에 의해 구조적으로 큰 영향을 받게 되어 있는 것이다.

[표IV-1] 주요 경제 지표의 국제 비교(2021 추정치)

단위: US$, % (세계순위)

	남한	북한	미국	중국	일본	러시아
일인당 실질 GDP (구매력 평가기준)	44,200 (39)	1700 (215)	63,700 (15)	17,600 (99)	40,800 (46)	28,000 (74)
산업성장률	5.1(88)	1.0 (151)	3.3(119)	8.2(50)	-4.3 (186)	4.9(94)
인플레이션율, (소비자 가격)	2.5(94)	----	4.7(156)	1.0(27)	-0.2 (11)	6.7(180)
실업률	3.5(41)	2.6(25)	5.5(95)	4.8(73)	2.8(30)	5.0(77)
GINI계수	31.4(139)	-----	41.1(50)	38.2(70)	32.9(126)	36.0(92)
누적 공공부채(GDP 대비 %, 2020년 추정)	46.4(120)	----	126.4(11)	47.0(116)	216.3(2)	------

경상수지 (백만 불)	88,302(5)	----	-846,354 (209)	317,301 (1)	157,743 (3)	122,270 (4)
수출 (백만 불)	771,202 (8)	222(200)	2,557,000 (2)	3,554,000 (1)	919,158 (5)	550,035 (16)
수입 (백만 불)	698,103 (10)	2,320 (167)	3,402,000 (1)	3,091,000 (2)	941,671 (5)	379,947 (20)
외환보유고	463,281 (9)	----		3,428,000 (1)	1,406,000 (2)	632,242 (6)
외채(2019 년 추정)	457,745 (27)	5,000 (131)	20,275,951 (1)	2,027,950 (12)	4,254,271 (7)	479,844 (25)

출처: CIA Statistics per Country

[표IV-2] 주요국 GNI 대비 수출입 비율

단위: %

년도, 구분	2015	2016	2017	2018	2019	2020	2021
미국	35.2	34.3	35.6	36.6	35.5	31.4	--
일본	41.1	37.1	40.5	43.2	41.9	37.5	--
중국	45.2	41.6	42.5	41.9	40.0	38.9	--
프랑스	72.9	71.9	73.8	75.6	75.7	66.1	--
영국	75.0	77.4	83.0	86.8	84.6	75.0	73.8
남한	82.0	76.6	80.2	82.5	79.4	72.3	83.9
독일	95.1	93.5	95.3	96.0	94.7	87.7	95.5
스웨덴	101.3	99.2	100.5	105.9	107.6	96.0	102.2

출처: OECD, 「National Account」
자료: OECD, 「https://stats.oecd.org,National Account」 2022.10.
주: GNI 대비 수출입 비율=[(수출총액+수입총액+국외수취요소소득+국외지급요소소득)/GNI]
×100
단 GNI는 구매력평가 기준 수치임.

　　남한이 대외무역의존형 경제 개발을 채택할 수밖에 없었던 이유는
국토가 좁고 국내 자원이 빈약하므로 결국 외국에서 원재료를 수입

해서 이를 가공해서 외국에 다시 수출하는 경제체제를 갖출 수밖에 없기 때문이었다. 따라서 국민 총소득에서 수출입이 차지하는 비율이 높을 수밖에 없고 그만큼 남한 경제에서 무역이 차지하는 중요도는 높을 수밖에 없다. 여기서 주의할 사항은 남한같이 국제 정세에 취약하여 역대로 강대국의 횡포에 시달려 온 나라일수록 수출입이 어떤 국가 혹은 지역과 얼마만큼 밀접하게 연결되어 있으며 그들과 연결되는 주요 산업 내지 국제분업 형태가 중요하게 된다는 점이다.

잘 알려져 있듯이 남한의 주요 수출품은 2019년부터 2021년까지 최근 3년간 반도체, 자동차, 석유화학 제품 등 10대 수출품목이 전체 수출의 약 56%를 점하고 있고 동 기간 동안 수입도 원유와 천연가스, 석탄, 정밀화학 원료 등 10대 수입품목이 약 45%를 점하는 가운데, 중요 교역상대국도 중국과 미국 동남아 중심으로 편중되어 있어 산업 편중과 함께 지역 편중으로 인한 잠재적 변동성이 크게 내재하고 있다. 즉 [표IV-3]에서 보는 바와 같이 2018년부터 2022년까지 추세로 보면 남한 무역은 중국과 교역에 약 24% 안팎의 편중을 보이고 있으며, 미국에는 12%에서 14%, 그리고 베트남을 비롯한 동남아에서 21%에서 27% 수준으로 집중되고 있어 이들 세 지역이 전체 교역량에 차지하는 비율이 56%에서 65%까지 이르는 절대적인 수치를 보여 주고 있는 것이다.

이러한 지역적 산업적 편중으로 인한 잠재적 변동성은 2022년부터 본격적인 위기 형태로 나타났는데 그것은 COVID-19으로 인한 산업 생산활동의 위축과 미·중 패권경쟁의 격화, 우크라이나 전쟁으로 인한 국제 원자재 값의 폭등으로 치명적인 영향을 받게 된 것이다. 그 결과 2022년 중동과의 무역수지가 평년의 2배에 달하여 전체 무역수지 적자 규모의 64.1%를 차지하는가 하면 2018년에는 남한 흑자 총액에서 47.4% 흑자를 담당하던 대 중국 무역수지 흑자 규모도 2022년에 대 중국 무역수지 흑자 규모는 전체 흑자 규모의 1.2%에 불과한 실적을 보이고 있다.

[표IV-3]에 나타난 기타 지역의 경우 2018년 13.7% 비중에서 2022년에는 무려 약 17%의 점유율을 보이고 있어 남한 무역이 점점 다변화해 가는 하나의 지표로 볼 수 있을 것이다. 그러나 2021년 이후 남한의 교역 상대국에 절대적인 위치에 있었던 중국과의 교역비중은 점차 낮아지고 있지만 아직까지 남한 무역의 교역비중은 여전히 중국과 동남아 그리고 미국과의 교역이 중심이 되고 있으며 이들과의 교역 관계 여부가 남한 교역 전체에 미치는 영향이 지배적이라고 평가할 수 있을 것이다. 이하에서 우리는 한반도에 지정학적으로 가장 영향력을 미치고 있는 나라이자, 경제적으로 남한 교역에 가장 중요한 비중을 차지하고 있는 중국과의 교역을 중점적으로 검토함으로써 남한이 가진 국제적 위상을 살펴보기로 하자.

[표IV-3] 남한의 국별 교역비중 추이(2018-2022)

단위: %, 백만 불

		2018	2019	2020	2021	2022
중국	교역비중	23.5	23.0	24.6	23.9	21.9
	무역수지 (기여도)	55,636 (47.4)	28,974 (31.0)	23,681 (28.3)	24,285 (24.4)	1213 (1.2)

미국	교역비중	11.5	12.9	13.4	13.4	13.5
	무역수지 (기여도)	13,852 (8.0)	11,365 (9.3)	16,642 (15.5)	22,689 (18.2)	27,981 (18.2)
동남아	교역비중	21.5	20.6	26.9	20.9	20.5
	무역수지 (기여도)	88,530 (51.1)	68,982 (56.4)	61,929 (57.8)	77,140 (62.1)	66057 (69.0)
일본	교역비중	7.4	7.2	7.2	6.7	6.0
	무역수지 (기여도)	-24,075 (23.2)	-19,161 (22.9)	-20,925 (33.5)	-24,580 (25.9)	-24,105 (16.7)
중동	교역비중	9.4	8.5	6.0	6.4	8.9
	무역수지 (기여도)	-64,451 (62.3)	-54,385 (65.2)	-30,089 (48.3)	-49,650 (52.3)	-92,011 (64.1)
EU	교역비중	10.5	10.3	11.3	11.2	10.4
	무역수지 (기여도)	-4,620 (9.8)	-3,036 (3.6)	-7,534 (12.0)	-2,164 (2.2)	447 (0.4)
러시아 연방	교역비중	2.1	2.1	2.4	2.1	1.4
	무역수지 (기여도)	-10,183 (9.8)	-6,792 (8.1)	-3,730 (5.9)	-7,377 (7.7)	-8,489 (5.9)
기타	교역비중	13.7	14.7	14.0	15.1	16.9
	무역수지 (기여도)	14,968 (8.6)	12,843 (10.5)	4,909 (4.5)	-11,036 (11.6)	-18,878 (13.1)
총계	총 교역량 (교역비중)	1,140,062 (100)	1,045,576 (100)	980,131 (100)	1,259,493 (100)	1,414,955 (100)
	무역흑자총량 (기여도)	172,986 (100)	122,264 (100)	107,143 (100)	124,114 (100)	95,698 (100)
	무역적자총량 (기여도)	103,329 (100)	122,264 (100)	107,143 (100)	124,114 (100)	95,698 (100)

자료: 관세청 수출입 통계에서 작성.
주: 교역비중=교역량/총 교역량, 무역수지기여도=흑자 혹은 적자/총 흑자 혹은 총 적자.

2) 남한의 대 중국 교역의 특징

1992년 수교 이후 지난 30년간 남한과 중국의 교역은 비약적 발전을 이루어 수교 초기 64억 달러에 불과하던 규모가 2022년 3,104억 달러에 달하여 무려 48배 증가하여 총 무역에서 차지하는 비중이 4.0%에서 22%로 상승하였으며 수출은 57.7배, 수입은 41.8배 증가를 보여 남한의 최대 교역상대국이 되었다.

이것은 그동안 중국의 급속한 경제 발전과 산업 고도화에 부응한 양국 간 상호 호혜적 국내외 정세가 있었기 때문에 가능한 일이었다고 볼 수 있다. 주지하다시피 중국 경제의 놀라운 경제 성장 배경에는 중국 사회의 독특한 체제 즉 공산당 1당체제의 중국식 자본주의 시장경제체제가 그런대로 작동하였기 때문이다. 시장경제의 성숙이 민주주의 발전을 가져온다는 고전에 가까운 명제가 아직 중국에는 작동되지 않고 노동과 자본이 사실상 국가의 통제에 있고 공산당의 애국주의 기치 아래 장기적이고 일관성 있는 산업정책이 가능하여 2010년부터 중국은 세계 최대 제조강국으로 등장하여 중국의 제조업은 부가가치 기준으로 11년 동안 계속 1위 자리를 고수하면서 전세계 제조업에서 차지하는 비중이 약 30%를 점하는 위치에 서게 되었다.

이러한 눈부신 중국 경제 발전과 더불어 남한 경제와의 관계도 밀접하게 발전되었다. [표IV-4]에 나타나 있듯이 2004년 이후 남한의 불변의 제1위 교역국은 중국이며 중국의 대외 교역 중 남한과 교역의 비중도 3~4위를 차지할 정도로 양국의 교역은 서로에게 매우 중요한 위치를 공유한다고 할 수 있다([표IV-5] 참조).

[표IV-4] 남한 교역 대상국 중 중국의 연도별 위상

구분/연도	1992	2004	2016	2020
무역	5위	1위	1위	1위
수출	6위	1위	1위	1위
수입	5위	1위	1위	1위

자료: 무역협회

[표IV-5] 중국 교역 대상국 중 남한의 연도별 위상

구분/연도	1998	2004	2016	2020
무역	4위	4위	4위	3위
수출	5위	4위	4위	5위
수입	4위	3위	1위	3위

자료: 무역협회

한편 양국의 교역 내용도 고도화되어 초기엔 단순 경공업과 일부 중화학 공업 제품이 수출 주종이었으나 현재는 반도체 디스플레이 등 고부가가치 제품으로 상향 전환되어 남한은 중국에게 고부가가치 핵심 중간재 공급자로 위치하게 되었다. 이를 가공 단계로 보면 대부분 반도체 메모리를 포함하여 중간 투입재 무역이 주종을 이루고 있기 때문에 현재 남한과 중국의 국제분업 형태는 거의 수평 무역 내지 산업 내 무역 패턴을 보이고 있다.[43]

한편 남한과 중국 간의 교역에 큰 연관성이 있는 양국 간 직접 투자 추이를 살펴보면 수교 초기에는 대 중국 수출이 가공 무역 중심으로 성장하면서 남한의 대 중국 투자는 2007년을 정점으로 확대되어 나가

---

43 조희윤(2021), pp. 8-9.

다가 그 후 점점 감소하여 2020년에는 남한의 대 총 대외투자 중 중국의 비중은 7.6%에 그치고 있는 실정이다. 즉 [표IV-6]에 잘 나타나 있듯이 2012년 남한의 대 중국 투자는 70억 달러에 달하여 중국은 남한의 총 대외투자의 17.3%를 차지하는 중요한 투자국이었지만 2020년에는 47억 달러 그쳐 남한 총 대외투자의 7.6%에 그치고 있다. 이것은 중국 급속한 산업 발전의 결과이기도 하지만, 중국 내부 급속한 임금 상승률에 기인한 것이다. 반면에 남한 내 총 외국인 투자 중 중국이 차지하는 비중은 상당한 수준으로 증가하고 있는 점이 주목된다. 즉 남한에 투자하는 국가들 중에 중국 투자비중은 1992년 0.1%(23위)에 그쳤으나 2020년 현재 그 비중이 9.6%로 증가하여 그 순위가 4위로 상승한 것이다([표IV-6] 참조).

한국의 대 중국 투자는 감소하는데 반하여 중국의 대 남한 제조업 투자가 늘어난 것은 남한의 임금이 중국과는 비교가 안될 정도로 높지만, 제조업 생산기술을 습득하고 인력을 흡수하는 한편 자체적으로 중간재의 공급을 원활히 할 필요가 있었기 때문이다.

[표IV-6] 남한과 중국의 상대방 투자 순위의 추이

단위: 백만 달러, %

연도/구분	남한의 대 중국 투자			중국의 대 남한 투자		
	금액	비중	순위	금액	비중	순위
1992	233	10.4	3	1	0.1	23
2003	2,963	44.8	1	49	0.8	17
2007	7,432	24.0	1	384	3.7	8
2012	7,016	17.3	1	727	4.5	5

남북 경제협력의 새 비전과 과제 : 남한식 헤게모니 모색

| 2016 | 4,002 | 8.1 | 3 | 2,049 | 9.6 | 5 |
| 2020 | 4,691 | 7.6 | 4 | 1,991 | 9.6 | 4 |

출처: 조희윤 앞의 논문 pp. 12-13에서 재인용

이상에서 볼 수 있듯이 중국은 남한의 최대교역국으로 양국 간 경제 무역 교류는 양국 간 경제 발전에서 서로 호혜적으로 발전되어 나왔다. 그러나 2021년부터 본격적으로 현실화된 미중 패권 경쟁의 심화와 최근 COVID-19의 여파, 그리고 1년을 넘겨 진행되고 있는 우크라이나 전쟁으로 인한 교역 활동 위축과 원자재 공급망 교란과 가격 폭등 등으로 양국 간 교역은 감소되는 경향을 보이고 있기 때문에 양국 간 경제 관계의 재설정이 매우 필요한 실정이다.

남한이 중국과의 교역에서 유의해야 할 점들 중에 하나는 중국 경제 체제가 남한 경제와는 다른 공산당 일당체제의 중국식 자본주의 시장경제체제라는 점이다. 중국의 경제체제는 유일한 정치조직인 중국 공산당 일당체제의 지도와 통제 아래 작동하는 시장경제체제제로서, 민주주의와 시장경제가 상호 작용하는 일반적 자본주의 국가들의 경제 운영체제와는 다른 모습이다.

이른바 중국식 자본주의체제는 근대 자본주의국가들이 이룩한 민주주의와 시장경제 체제와는 모순된 체제로서 향후 큰 잠재적 변동성을 가진 체제이다. 더구나 이념적으로 볼 때 빈부격차가 커서는 안 되는 국가지만 연안공업지역과 변방 내륙 농촌지역 간 심한 소득격차로 인한 내부 불안을 안고 있고, 환경과 인권 문제, 급속한 노령화 문제 등도 넘어야 할 장애물이다. 문제는 중국 경제가 이미 세계 자본주의

체제에 깊게 편입되어 있기 때문에 중국경제 성공 여부는 세계 자본주의체제의 안정 여부에 큰 영향을 미치게 되어 있다. 바로 이런 점들이 향후 남한 경제 무역 발전 전략의 중요한 착안점이 될 필요가 있을 것이다.

요약한다면 1992년 이후 2020년까지 남한 교역에서 중국의 위상은 전체 교역의 24.9%라는 절대적인 1위 위치에 있는 반면 중국 교역에서 남한이 차지하는 위상은 3~4위 정도의 상대적인 위치에 있음을 알 수 있다. 그럼에도 불구하고 중국이 아직까지 무역 파트너로서 남한이 중요한 이유는 반도체, 정밀화학 등 남한의 주요 경쟁력 있는 분야의 중간재 수입이 자신의 산업 발전에 긴요하다는 것과, 중국에게 가장 가까운 선진 이웃 나라인 남한을 자신의 안정적인 협력 파트너로 두는 것이 그 반대의 경우보다 훨씬 이익이 되기 때문이다. 향후 남한의 대 중국 교섭력과 영향력의 확보는 남한이 중국보다 여하히 산업 기술력 수준을 우위로 유지할 수 있는가 하는가에 달려 있다고 볼 수 있다.

V 남북 경제협력의 성과와 한계

 1. 남북한의 경제 현황

한국은행의 추계에 의할 때 2017년부터 2020년 현재까지 북한의 인구규모는 약 2,500만 명이며 북한 경제는 2019년을 제외하고 연속적으로 약 마이너스 4% 정도의 성장기록을 보여 주고 있다. 동 기간 동안 1인당 GNI(국민소득)도 2017년도 146만 4천 원에서 2020년 137만 9천 원으로 감소하여 약 6% 감소하였고, 무역 총액도 급감하여 2017년도 55억 5천만 달러에서 2020년 5억 6천만 달러로 무려 동 기간 84.5%의 감소를 보이고 있다.

따라서 동 기간 남북한 경제력 차이가 더욱 현격하게 나타나고 있는데, 먼저 인구의 규모에서 약 2배 정도 남한이 우위이고, 1인당 국민소득의 규모도 남한은 북한보다 약 25배나 높으며, 무역 총액으로 약 500배 이상의 우위를 보이고 있다.

[표V-1] 남북한 경제규모 비교(2017-2020)

		2020	2019	2018	2017
인구(천 명)	북한(A)	25,367.9	25,250.4	25,132.3	25,014.2
	남한(B)	51,780.6	51,709.1	51,606.6	51,361.9
	B/A	2.0	2.0	2.1	2.1
경제성장률(%)	북한(A)	-4.5	0.4	-4.1	-3.5
	남한(B)	-0.9	2.2	2.9	3.2
1인당 GNI(만 원)	북한(A)	137.9	140.8	142.8	146.4
	남한(B)	3,762.1	3,753.9	3,693.0	3,588.6
	B/A	27.3	26.7	25.9	24.5
무역 총액 (억 달러)	북한(A)	8.6	32.5	28.4	55.5
	남한(B)	9,801.3	10,455.8	11,400.6	10,521.7
	B/A	1,135.8	322.1	400.9	189.6

주: 무역 총액은 남북한 교역액 불포함 수치임
자료: 한국은행

　비록 남한의 자본주의 시장경제와 북한의 계획경제를 비교할 때는 가격체계가 다르기 때문에 경제적으로 단순 비교하는 것은 어려운 일이지만 이런 지표들은 추세적으로 볼 때 북한 경제 어려움을 파악하는 데 도움을 주고 있다. 사유재산의 보호와 생산요소의 자유이동과 자유경쟁을 전제로 하는 시장경제와 사유재산제도를 거부하고, 시장을 통한 경쟁을 배격하는 계획경제와는 애초부터 출발이 다르고 경제지표로 나타난 결과도 또한 예정된 것이었다.

이런 배경을 기초로 20세기 말 소련 연방은 해체되어 러시아가 자본주의화되었고 중국을 비롯한 기타 다른 사회주의 국가들도 시장경제체제로 전환하였던 것이다. 현재 개방체제로 이행하고 있는 쿠바 경제를 제외하면 북한은 지구상 유일하게 계획경제를 채택하고 있는 나라라고 볼 수 있으며 체제 온존형 북한식 개방을 모색하고 있는 중이다.

현재 북한 경제는 과거 1990년대 중후반의 "고난의 행군"과정에서 나타난 대규모 아사 사태 같은 최악의 상황은 아닌 것은 분명하지만, 경제위기가 장기화되어 세계 최빈국 대열에서 벗어나지 못하고 있는 실정이다. 이미 대중 매체를 통해 알려졌듯이 1990년대 이후 북한 경제 상황은 기존의 계획경제 시스템이 작동 불가능 상태임을 보여 주고 있는 가운데, 중앙정부의 식량 배급제가 중단되었고, 내구 소비재 공급체계도 와해되었으며 원자재 공급체계가 장기간 작동되지 않아 중앙정부의 계획경제 전반이 무너질 위기에 있다. 많은 탈북자들의 증언에 의하면 중앙정부는 각 지역 단위의 자립갱생을 유도하는 한편 2002년부터 경제관리개선조치(2002년 7월 1일)를 통하여 자생적으로 나타난 비공식 장마당을 공식 허용함으로써 자본주의적 시장체계를 부분적으로 합법적으로 인정하는 정책으로 돌아서게 되었다.

UN과 미국의 대북 제재의 강화로 중앙정부의 국영 무역 규모는 줄어들고, 국경지역 민간 사무역을 기반으로 한 장마당이 성행함으로써 고품질 자본주의 상품과 개방된 남한 사회 문화가 그동안 폐쇄되었던 북한 사회에 유입되게 되자 이를 우려한 북한은 2005년 시장 억압정책으로 전환하다가 2010년부터 다시 시장 허용정책으로 재전환하여 정책의 혼선을 보여 주고 있다. 2022년 현재까지 북한은 중앙정부 주도로 약 30년간의 일종의 시장 사회주의를 실험하고 있으나 대내외적 요인으로 그 효과는 나타나고 있지 않고 장기 침체에서 벗어나지 못하고 정책의 혼선만 되풀이하고 있는 실정인 것이다. 이것은 북한 체제 내에 존재하는 모순과 딜레마 그리고 대북 제재의 영향에 기인한 것이다. 또한 주체정신에 기초한 북한식 경제 운용이 광범위한 대북 제재의 여파로 인해 오히려 중국 의존형 경제운용으로 귀착되는 모순을 타개할 정책이 없어 혼선을 빚고 있는 것이다.

한편 지금까지 남한의 대북 정책도 정책의 일관성을 유지 못 하고 정권에 따라 부침을 보이고 있다. 즉 장기적으로 그리고 단계별 정책으로 꾸준히 추진되어야 할 대북 정책이 남한 내부의 문제인 남-남 문제로 일관성을 유지 못 했고 지나친 대미 의존 정책의 결과 미국의 대북 정책에 동조하는 정책으로 귀착되어 주체적 정책 의지가 부족하였다. 따라서 남한이 일관성 있는 대북 정책을 펴기 위해서는 남한 내부의 모순과 딜레마를 극복하고 장기적으로 남한이 대북 정책의 주도권을 확립하는 정책이 필요하게 되었다. 이하에서 우리는 남북이 각각 처한 내부 딜레마 대해 조금 더 살펴보기로 하자.

 ## 2. 남북한의 딜레마

1) 남한의 딜레마

한반도 평화 프로세스에서 남한 정부가 직면한 중요한 문제는 대북 정책을 둘러싸고 진행되는 남-남 갈등 문제라고 할 수 있다. 김대중

남북 경제협력의 새 비전과 과제 : 남한식 헤게모니 모색

정부(1998년~2003년)의 이른바 "햇볕정책"에서 표면화된 이 문제는 보수이냐 진보이냐 하는 단순한 정치 이념적인 차원이 아니라 한반도 분단체제에서 북한을 규정하는 수준, 한반도 평화 프로세스에서 외세의 역할을 인정하는 수준 등이 뒤엉켜진 채, 과거 반공을 국시로 했던 박정희 정권의 반공주의 유산과 영-호남으로 대별할 수 있는 지역주의가 중첩된 역사적 유물로 뒤범벅된 복합 개념으로 존재하는 문제라고 할 수 있다.

즉 20세기 후반에 들어 남한은 과거 권위주의 정부 형태를 혁파하고 김영삼, 김대중 정부를 축으로 한 민주화 세력이 권력을 잡자, 권력에서 소외된 층이 집결되어 외세 편향 수구적 보수 세력을 결집하게 되었으며 이것이 김대중 정부의 햇볕 정책이 도화선이 된 것으로 보인다. 먼저 일부 극우 보수언론들이 선두에 서서 민주화 세력의 대북 정책에 대해 흠집내기를 지속하였고, 이에 찬동하는 극우 단체들, 즉 성우회, 6.25 참전단체 연합회 등 40여 개의 단체들이 규합하는 가운데 "자유시민연대(2000.11)" 대한 예수교 장로회, 한국 기독교 총연합회 등의 이름으로 일부 개신교의 극우단체 행동(2014), "기독 자유당(2016)" 출현하여, 광화문 집회, 좌파 문 정권 타도 운동, 엄마부대, 태극기(성조기) 집회, 등으로 나타나게 되었다. 이런 수구적 보수결집 현상은 주로 과거 기득권을 누렸던 영남지역에서 두드러져 나타났다는 점은 주목할 만한 점이다.

그렇다고 진보진영 측도 모두 햇볕정책을 전폭 지지한 것이 아니었다. 일부 진보진영은 탈냉전은 긍정적이었지만 대북 정책 방향이 신자유주의 세계화 차원을 지향함으로써 자본 중심의 통일지향 내지 자본주의적 흡수통일 정책이라는 측면에서 반대하고 나섰으나, 그 세력은 미약하여 큰 호응을 얻지 못하였다.

일찍이 문민정부 구호를 내건 김영삼 정부(1993년~1998년)는 1995년 8월 15일 광복절 축사를 통하여 남북 관계와 관련하여 중요한 선언을 하게 되는데, 이른바 "한반도 평화체제 구축 3대 원칙"을 천명하였다. 주요 내용은 첫째 남북 평화구축 문제는 반드시 남북 당사자 간 협의로 해결되어야 한다. 둘째, "남북 기본합의서" "한반도 비핵화 공동선언"을 비롯한 모든 남북 간 합의 사항이 존중되어야 한다. 셋째, 한반도 평화체제 구축은 관련 국가들의 협조와 뒷받침이 있을 때 그 실효성이 보장될 수 있다. 이러한 입장에 따른 남북 문제의 남북 기본 당사자 접근은 "4자회담"의 이름으로 구체화되었지만, 실패하였고, 북핵 문제를 둘러싸고 진행된 다자주의 접근인 "6자회담"도 교착 상태에 빠져 있다.[44] 남북 양자 간 문제를 해결하기 위해 더욱 외세에 대한 의존을 고려해야 하는 모순에 빠져 있는 실정이다.

그러나 남한 내 많은 논란이 있었지만, 그동안 남한의 대북 정책은 획기적인 성공을 거두었는데, 대표적인 것으로 북한 내부에 자본주의 실험을 했다고 평가되는 개성공단의 운영과 금강산 관광사업 경험은

---

44 1996년 빌 클린턴과 김영삼 간의 정상회담에서 정식 제의된 회담으로 주목할 점은 남북 평화체제 구축에 남북만이 기본 당사자이고 6.25 참전국 미국과 중국은 관련 당사로서 일종의 증인 자격을 부여한 점이라는 것이다. 이러한 남한의 접근에 대한 북한의 태도는 미군철수, 한미 연합훈련 중지, 북미 평화협정 등 미국과의 관계개선과 식량지원과 제재 완화를 주장하여 오로지 미국과의 협상에 초점을 두었다. 1997년 총 6차례 진행된 이 회담은 북한의 불응으로 결국 교착에 빠진 양자 중심 회담이다. 한편 6자회담은 북핵 문제 해법을 두고 집단적 이해관계가 표출된 다자 협상으로 한때 북한의 모든 핵무기와 현금 핵 계획을 포기한다는 내용까지 합의하기도 했지만 2009년 북한의 거부로 마침내 5년간의 과정은 모두 무위로 돌아간 다자간 회담이다.

매우 값진 것이었다. 그 이외에도 남북 문화, 스포츠 교류, 민족 화해 운동의 추진 등이 실현됨으로써 한반도 평화 프로세스 추진과정에 남한의 주도권이 어느 정도 확인되었다고 평가된다.

그러나 전체적으로 볼 때 아직까지 남한은 한반도 평화 프로세스에 완전한 주도권을 확보 못한 채, 대북 평화 프로세스를 진행할수록 그 진행을 방해하거나 힘을 빼는 남-남 문제가 증폭되는 모순과 더욱 대외 위세에 의존하는 모순을 해결 못하고 있는 것도 사실이다.

2) 북한의 딜레마

현재 북한식 사회주의체제는 전일화된 세계 자본주의체제로부터 고립된 채, 장기간 경제 침체와 위기가 심화되어 북한식 계획경제 시스템을 작동할 수 없게 되어 있다. 즉 현 단계 북한 경제체제는 김정은의 북한체제를 유지한 채 정부가 시장화를 주도 내지 견인하는 정책으로 가고 있으며 시장을 적극 활용하면서 사회주의 정권과 시장과의 타협, 공존 방식 내지 관리 가능한 북한식 시장화 방안을 모색하고 있는 것으로 보인다.

김정은 집권 이후 2012년부터 2015년까지 북한은 4년간 집중적으로 법률의 제정과 개정을 단행하여 "우리식경제관리방법"과 "사회주의기업관리책임제[45]"를 북한의 최고권력기관인 당대회(2016)를 통해

---

45 2013년 도입된 북한 경제관리 방법으로서 이것을 간단하게 표현한다면 국영기업의 재량권을 대폭 확대하여 경영활동의 효율화와 활성화를 이루고자 하는 정책이다. 이런 관리제도 안에는 일부 특정 품목을 제외하고 국가가 정한 범위 내에서 국영공장이 자체적으로 생산물의 가격을 정하고 자유롭게 판매할 수 있도록 하여 국영공장이 "가격제정권"과 "판매권"을 행사할 수 있는 제도를 말한다. 이것은 김정은체제의 북한의 개혁정책의 일환이라고 보여지며, 북한의 기간

제시하여 최고 순위의 권위를 공식적으로 부여받았다.[46]

또한 김정은 위원장은 2016년 7차 당대회에서 2016년부터 2020년까지의 국가경제 발전 5개년 전략을 수행할 것을 지시하여 우리식경제관리방법, 사회주의기업책임관리제와 하나의 조합으로 추진한다는 계획을 밝힌 바 있다.

그러나 이런 거창한 전략을 수행하기 위한 전제인 소유권, 조세 등의 논의가 빠져 있고 보다 핵심 사항이라 할 수 있는 구체적 금융(상업은행)체계가 거의 마비된 상태이기 때문에 전략의 실행력은 보이지 않는다. 저자가 보기엔 그런 계획은 다만 법령 차원의 프로그램적 신호를 보낸 것으로 보인다.

같은 맥락으로 2013년도부터 북한이 발표한 "경제개발구법"(2013년 4월 1일 최고인민회의 의결)을 발표한 후 2017년 현재 경제특구와 경제 개발구도 모두 21개로 확대되었으나 사실상 구호에 그치고 실제 가동 중인 특구는 확인되지 않고 있다.

오늘날 북한의 실상을 알기가 어렵기 때문에 단정하기는 어렵지만 큰 흐름으로 볼 때 북한은 이미 개혁과 개방 쪽으로 가닥을 잡고 북핵 협상 이후의 상황을 준비하고 있는 것처럼 보인다. 이에 대한 근거로 김정일 집권 당시의 국정 운영은 군사력 증강을 통한 강성대국은 대규모 아사 상태로 총체적인 북한체제 위기를 초래하여 정책 전환이

산업인 중공업 부문은 여전히 국가가 직접 장악하지만, 주민 생활과 직결되는 경공업 부문에서는 독자적인 경영을 할 수 있는 여지를 마련한 개혁 정책이라고 평가할 수 있다. 또한 이러한 기업책임 관리제뿐만 아니라 최근에는 "주문계약제"까지 도입하여 일부 품목에 한하여 수요와 공급에 의한 (주문)생산 활동을 인정함으로써 종래의 국가 통제형 계획경제 시스템을 어느정도 벗어나는 개혁정책을 실험적으로 운영하는 점은 눈여겨볼 수 있는 점이다.

46   양문수(2017).

불가피하였으며, 상시적으로 부담해야 하는 과도한 국방비 지출은 경제 발전 여력을 소진한데다, 정례적으로 남한에서 실시되는 한미 연합(기동)훈련에 맞대응할 때마다 막대한 자원이 투입되는 상황이 오래 지속될 수 없었다는 북한 당국자들의 전언으로 확인되고 있다.[47]

따라서 북한은 대내적 체제 안정과 대외적 체제 보장을 동시에 추구하는 핵무장정책을 추구하고 있는 것인데, 바로 이것이 한반도 평화 프로세스 여정을 남북 문제가 아닌 국제적 현안 문제로 부각시킨 이유가 되었다. 북한은 핵 폐기를 요구하는 국제 사회를 상대로 안보와 경제적 실리를 한꺼번에 도모하기위한 핵협상에 매달리고 있으나 지금까지 그 타결의 전망은 보이지 않는다.

추정 가능한 북한의 입장을 정리한다면, 북핵 협상을 지속해 나가면서 한편으로 북한 내부적으로 체제 지도부의 leadership을 공고히 하고 다른 한편으로 (대미)협상을 통해 체제 안전을 보장받고 서구 자본과 기술을 유입하고자 하는 것인데, 이 과정 중에 북한이 기대하는 것은 약 50억 달러 이상의 일본과의 수교 자금(다른 자료에 의하면 북한은 100억 달러의 식민지배 배상금을 요구하고 있다고 함), 장기 저리의 공공차관의 도입인 것으로 보인다.

---

47 거의 매년 실시되는 한미 양군의 대규모 연합훈련은 맞대응해야 하는 북한에게는 사회 전체를 준 전시체제로 몰아가는 치명적인 도발행위로 인식되었음. 결국 이런 대응에 한계를 돌파하기 위해 선택한 북한의 전략이 핵개발이었다는 점이 중요함. 한미 연합훈련은 전략적으로 북한의 전쟁도발 억제력을 목적으로 하지만, 전술적으로 그 규모와 훈련의 성격이 다르게 진행되어 나왔음. 최초의 한미 연합훈련은 Focus Retina(1969)였고 Team Spirit(1976-1993)에서 정점을 찍어 동원 인원이 20만에 이르는 자유진영 최대 동계기동 훈련이 되었음. 이후 2008년부터 한미 연합훈련은 전구급지휘소연습(CPX), 야외기동훈련(FTX)인 Key Resolve, Foal Eagle으로 이어져 현재에 이르고 있음

그러나 수교 자금이든, 공공차관의 도입이든 많은 부분 반드시 끈이 달린 경협 자금이 될 것이고, 협상 타결 후 북한 사회가 개방될수록 그리고 대량의 국제 자본이 북한에 유입될수록 북한의 자율성, 체제 안정성이 더욱 도전을 받게 된다는 모순이 관건이 될 것이다. 특히 남한과의 경협을 통한 남한 의존도 증가는 체제안정과 모순될 수 있고 대중 경협의 증가도 그들의 주체 경제체제에 모순적이다 따라서 체제 안정에 지장을 주지 않는 범위 안에서, 남·북 경협과 북·중 경협 그리고 부분적인 대외 경제 개방을 추진할 개연성이 있다.

이상을 종합해 볼 때 남북한의 내부 딜레마는 영구적으로 고착될 성질이 아니라 세계적으로 이미 보편화된 자본주의 천하 통일이 한반도에서 마지막 대단원을 맞이하기 전 과도기적 전환기에서 생기는 딜레마로 평가하고 싶다. 현 단계 세계체제는 과거 세계적 규모로 첨예하게 전개되었던 냉전구조가 이미 해체되어 과거 사회주의 종주국이었던 중국과 소련은 더 이상 사회주의국가라고 볼 수 없이 현대 자본주의 세계체제에 정교하게 연결된 독특한 자본주의체제에 불과하기 때문에 홀로 남은 북한 사회주의가 국제 사회에 고립된 채 북한식 자립 사회주의나 낡은 김일성 사회주의만으로 인민의 보편적 욕구를 영구적으로 통제하기란 사실상 불가능하다는 것은 북한 엘리트들도 잘 알고 있기 때문이다.

이를 반영하는 지표는 북한이 자본주의 외세 배격 일변도의 대외정책이 아니라 자본주의체제를 상대로 끊임없이 대외 관계를 통해 세계 자본주의체제에 진입하기를 시도하는 사례에서 확인할 수 있다. 1988년 서울 올림픽에 참여한 것을 시작으로 1991년 남북한 UN 동시 가입, 경수로 협약(1994년), 남북 정상회담(2000년), 6자회담(2007년), 제2차 남북 정상회담과 북미 정상회담(2018년) 등이 대표적인 경우이다. 따라서 비록 아직까지 북한의 대외 관계 정상화 노력이 국제 사회의 비핵화 전략에 묶여 교착 상태에 빠진 것은 분명하지만 전쟁이 아닌 협상을 통한 해결을 추진한다는 큰 흐름에는 변화가 없다고 봐야 할 것이다.

 ## 3. 남북 경제협력의 배경

전술한 바와 같이 남북한이 내부적으로 처한 딜레마는 세계체제의 고유한 문제가 동북 아시아와 한반도에 깊게 관련된 것으로 이른바 헤게모니와 라이벌 헤게모니 및 Anti-hegemony 간의 복잡한 역학이 개제된 문제라고 할 수 있다. 즉 동북 아시아에서 지금까지 압도적 우위에 서 있었던 Hegemon 미국의 위치가 상대적인 위치로 내려가고 새로운 그리고 라이벌 Hegemon으로서 중국이 소국에 불과한 북한을 동 지역에서 가장 강력한 Anti-Hegemony 세력으로 키워 놓은 결과가 된 것이다. 중국은 북한을 이용해 남한과 미국은 물론 국제 사회에 자신의 입지를 굳건히 하고 북한은 중국의 입장을 이용해 대외 협상에서 자신의 입지를 굳건히 하였다.

최근까지 김정은체제의 북한은 문재인 정부의 유화적인 대북 정책과 트럼프 정부의 초강력 위협에도 그리고 안보, 군사적으로 맹방이자 유일한 경제협력국인 중국 정부의 권유도 아랑곳 하지 않고 6차례에 걸친 핵실험과 지속적인 미사일 실험을 멈추지 않고 계속적인 극단적인 자세를 견지하는 가운데, 지금까지 남북 정상회담(5회), 북미 정상회담(3회), 북중 정상회담(4회), 북러 정상회담(1회)을 유도해 냄으로써 미국의 헤게모니에 당당히 맞서는 자신들의 입지를 국제적으로 부각시키는 데 부분적으로 성공한 것이다. 비록 모든 수뇌회담에서 가시적인 성과는 없었지만 자신들이 테러국가가 아니라 정상국가, 혹은 협상을 통해 그것을 지향하는 국가라는 인상을 국제적으로 각인하는 데 성공하였으며, 동시에 남북한 긴장 관계를 화해 모드로 전환하고 평화를 위한 비핵화까지 공언하면서 한반도를 중심으로 조성되던 신냉전 분위기를 극복할 수 있는 새로운 전환점을 적극적으로 제시하게 되었다. 결국 계속되었던 회담에서 비핵화의 범위와 제재해제 방식의 차이[48]로 결렬되고 말았지만 김정은체제는 이것으로 내부 결집력을 높이는 동시에 Hegemon 미국 측의 협상전략을 점검하는 계기가 되었다.

---

48 비핵화에 대한 양측의 입장 차이가 컸다. 미국의 입장은 CVID(Complete, Verifiable, Irreversible, Dismentlement)이었지만 이미 2017년 핵보유국으로 공식 선언한 북한은 보유한 핵무기 숫자를 줄이거나 추후 핵 활동을 동결하는 입장이었고, 제재해제 방식에도 미국은 일괄타결 방식인 데 반하여 북한은 조치 대 조치, 정책 대 정책이라는 단계별 타결(민생경제와 관련된 제재 우선 해제)원칙을 고수했던 것으로 알려져 있다.

[표V-2] 최근 북한의 한, 미, 일 정상회담 요약(2000-2019)

시기	장소	명칭(당사자)	내용
2000 6.13-15	평양	남북 정상회담 (김대중-김정일)	6.15 공동선언: 남북 긴장 완화, 휴전 후 최초의 남북 정상회담
2002 9.12	평양	제1차 북일 정상회담 (고이즈미-김정일)	최초의 일 수상 방북, 남북 해빙무드(2000년 6.15 공동선언 후)에 북한과 수교하는 국가들이 증가하자 시류에 편성, 전후 처리가 안된 유일한 국가인 북한과의 관계 개선 목적, 평양선언(9.12) 핵심 내용-국교 정상화 추진, 과거사 보상, 일본인 납치 문제 재발 방지, 핵과 미사일 문제 해결에 협조
2004 5.22	평양	제2차 북일 정상회담 (고이즈미-김정일)	제2차 북핵 위기 발생, 일본인 납치 문제로 국내 여론 악화로 후속 조치 중단
2007 10.2-4	평양	남북 정상회담 (노무현-김정일)	10.4 선언: 남북 관계발전과 평화번영을 위한 선언
2018 4.27	판문점	제1차 남북 정상회담 (문재인-김정은)	4.27 판문점 선언: 평화와 번영을 위한 선언: 더 이상 한반도에 전쟁은 없다고 전세계 언론매체 앞에 초유의 공동 발표
2018 5.26	판문점	제2차 남북 정상회담	김정은 요청으로 성사, 북한 초유의 북미 정상회담을 앞두고 남북 정상 의견 조율
2018 6.12-20	싱가포르	제1차 북미 정상회담 (김정은-트럼프)	휴전 후 최초의 북미 정상회담: 새로운 북-미 관계 수립, 한반도 평화체제구축 공동 노력, 4.27 판문점 선언 재확인, 비핵화 노력, 전쟁포로 및 행불자 유골 발굴 후 즉시 송환
2018 9.18-20	평양과 백두산	제3차 남북 정상회담 (문재인-김정은)	최초 서해 직항로 이용, 북한 최초 최고지도자 부부 공항 영접, 북미 회담 중재에 감사 표현, 남한 대통령 최초로 15만 평양 시민에게 한반도 문제의 민족 내부 역량으로 해결하자는 취지의 직접 대중 연설, 9월 평양선언(전쟁 위험 제거, 민족경제 균형발전, 이산가족 근본적 해결, 비핵화 평화 노력, 다양한 남북교류, 김정은 서울 방문)
2019 2.26-28	하노이	제2차 북-미 정상회담 (김정은-트럼프)	비핵화와 대북 제재 해제를 두고 의견 차이로 회담 실패(비핵화 개념의 차이, 제재 해제 방식의 차이 등)
2019 6.30	판문점	제3차 북-미 정상회담 (김정은-트럼프)	북핵 협상 재개, 후속 실무회담으로 이어졌으나 결국 타결을 못 봄(미국 국내 선거용 이벤트라는 평가 있음)

[표V-3] 최근 북한의 중-러 정상회담 요약(2018-2019)

시기	장소	명칭(당사자)	내용
2018 3.25-28	베이징	제1차 북-중 정상회담 (김정은-시진핑)	북-중 우의는 전략적 선택: 혈맹의 전통적 친선관계
2018 5.7-8	다롄	제2차 북-중 정상회담 (김정은-시진핑)	신시대 북-중 관계 4대 원칙(전통적 우의, 사회주의 공동의 단결과 협력교류, 양당의 고위층 교류, 민간 우호기반 조성)
2018 6.19-20	베이징	제3차 북-중 정상회담 (김정은-시진핑)	싱가포르 북-미 회담(2018.6.12)직후 회담, 시진핑의 3불변 원칙(국제 및 정세 불문 북-정관계 공고히 함, 북한 사회주의 지지 불변, 중국인민의 북한 인민에 대한 우호 불변)
2019 1.7-10	베이징	제4차 북-중 정상회담 (김정은-시진핑)	김정은 생일(1.8)에 개최, 북-중 수교 70주년 기념, 하노이 북-미 정상회담(2019.26-28)앞 두고 전략적 소통
2019 4.25	블라디보스토크	북-러 정상회담 (김정은-푸틴)	북-미 회담, 남북 회담 지원(북한 지도자로서 2011년 후 8년 만의 정상회담)
2019 6.20-21	평양	제5차 북-중 정상회담 (김정은-시진핑)	시진핑의 북한체제 옹호(북-중 관계의 본질은 공산당이 영도하는 사회주의국가 최고지도자의 우의 전승과 전략적 선도가 북-중 관계의 큰 강점이라 주장)
2023. 9.13	보스토치니 우주기지	북-러 정상회담 (김정은-푸틴)	북한이 러시아에 탄약과 재래식 무기 지원하는 대가로 러시아가 인공위성 등 첨단 군사기술을 지원

전체적으로 볼 때 최근까지 러시아와 북한 관계는 이미 군사, 안보적인 관계를 정리한 상태에서 남한을 자극하지 않는 중립적 입장이었다. 러시아에게 남한은 경제적 협력 잠재력이 크고 일본과 영토 분쟁이 끝나지 않은 상태에서 남한을 자극할 필요가 없었기 때문이다. 그러나 유감스럽게도 최근 남한의 현 정부가 취한 대 북한 적대정책과 러시아와 전쟁 중인 우크라이나에 지원정책으로 인하여 북-러 관계는 다시 군사 안보적 관계 강화로 돌아서고 있다. 특히 그동안 군사 정찰

남북 경제협력의 새 비전과 과제 : 남한식 헤게모니 모색

위성 발사의 연이은 실패에 빠져 있던 북한에게 러시아의 첨단 군사 기술이 이전된다면 미국과 남한 일본에게 엄청난 군사, 안보적 부담이 생기는 것을 의미하게 될 것이다. 결국 현재 남한 정부의 대북, 대러시아 정책은 오히려 북한의 입지를 도운 셈이 되는 아이러니가 나타난 것이다.

한편 중국은 러시아에 비해 북한체제 유지에 보다 적극적이다. 우선 사회주의 공동전선을 공고히 하고, 북핵 문제 등 한반도 문제에 있어서 비핵화를 원하면서도 동맹국으로서 북한을 옹호하면서 북한의 후견인 역할을 하면서 한반도 문제 해결에 중국을 가장 중요한 위치로 만들고 있다. 이것은 이미 밀접한 경제, 무역 관계를 가진 남한에게 행사할 수 있는 중요한 영향력이며 지역적 헤게모니를 행사하는 지렛대라고 볼 수 있다. 그러나 한반도 정책 특히 북핵 문제에서 중국의 헤게모니는 치명적인 딜레마가 존재하는데, 그것은 국제 사회의 안정에 책임 있는 대국으로서 북한의 비핵화를 강력하게 원하고 있지만 어쩔 수 없이 사회주의 북한체제를 안정시켜야 하는 두 가지 목표가 상호 모순되기 때문이다.

중국은 북한의 후견인 역할을 기대하고 있으나, 북한은 그것을 극히 제한적으로 인정하고 있을 뿐 북한에 있어 중국의 영향력은 일반인들이 생각하는 만큼 크다고 볼 수 없다.[49] 그러나 그럼에도 불구하

---

49 시진핑 주석 취임과 더불어 중국은 시진핑의 친서 전달을 통하여 북한에게 핵미사일 실험 자제 요청을 했으나 북한 이를 묵살하고 미사일을 발사했으며(2012.12.12), 시진핑 주석 취임 한달을 앞두고 3차 핵실험을 강행하고(2013.2.12) 중국에게 통보도 하지 않고 제4차 핵실험을 했으며(2016.9.9), 최근에는 히로시마 원폭의 7배에 달하는 폭발력을 보인 제6차 핵실험에는 중국과는 아무런 사전협의도 없이 진행되어(2017.9.3) 중국으로 하여금 유엔 대북 결의안에 즉각 동의하게 만들었다. 뿐만 아니라, 후속 조치로서 대 북한 섬유 수출 금지, 합작 사업 금지, 최

고 중국은 다른 나라들보다 북한에게 큰 영향력을 가진 나라이다. 사회주의 연대 의식 공유, 전통적인 우호 관계를 가진 나라라는 것 이외에도 가장 중요한 에너지 공급국, 식량 원조국, 가장 중요한 무역 상대국, 경제 개발 협력 파트너라는 측면에서 북한에게 중국은 매우 특수한 위치에 있기 때문이다.

또 하나의 중요한 포인트는 미국이 북핵 미사일 문제를 전략적으로 이용하여 한, 미, 일 삼각 안보 협력으로 강화하여 대 중국 견제 정책을 공고히 하는 점이다. 이것은 동북 아시아에서 중국의 헤게모니에 치명적인 영향을 줄 수 있기 때문에 중국이 가장 예민하게 생각하는 부분이다. 이런 관점에서 중국은 북한의 핵미사일 문제에 적극적으로 반대하는 것으로 보인다. 따라서 현재까지 중국의 한반도 정책 기조 특히 북핵 문제와 관련한 입장은 한반도 평화, 안전 유지, 비핵화, 외교적 대화와 타협을 통한 문제 해결이라는 3대 원칙을 제시하는 수준에 그치고 있으며, 이것을 구체적으로 담아낼 실행 프로그램에는 정확한 답을 내지 못하고 있는 것이다. 즉, 한반도 위기 관리에는 매우 적극적인 태도를 견지하지만, 위기 해결에는 소극적인 입장인 현상 유지를 바라고 있는 셈이다.

현재 북한이 처한 입장을 추정해 본다면 2013년 이후 추진해 온 이른바 핵 경제 병진 노선을 포기하고 핵포기와 대북 경제제재 해제를 맞바꾸는 거래로 돌아가기는 매우 어려운 실정이다. 미, 일 등 주요국들과 외교 관계 정상화를 타결하지 못한 상태에서 국제 사회에서 정

초로 대북 유류 공급 제한이라는 초강경 조치를 취한 바가 있었다. 이런 사실들을 비추어 봤을 때 중국의 대북 헤게모니는 매우 제한적이라는 것을 알 수 있다.

남북 경제협력의 새 비전과 과제 : 남한식 헤게모니 모색

상국가로 인정받지도 못한 채, 국가체제 자체를 흔들 수 있는 개혁과 개방을 본격적으로 추진할 수 없는 것이고 현 수준에서 핵 감축이나 추가 핵 실험과 미사일 실험을 중지하는 것만으로는 국제 사회의 묵인과 대북 제재 해제를 논의할 수도 없는 것이다. 실제로 유엔 안보리 대북 제재 결의에 따라 북한의 원자재 수출 봉쇄, 노동자 신규 송출과 계약 연장 금지, 북한과의 협력 사업 확대 금지 등은 북한 경제에 치명적인 타격을 가했으며, 특히 맹방인 중국의 제재 동참이 침체된 북한 경제에 큰 충격을 주었을 것으로 추정된다.

추가적으로 지적할 수 있는 점은 국제 제재의 결과 국가 재정이 고갈되어 북한 사회주의를 지탱하던 배급제가 사실상 무너지고 주민들이 생존을 위해 장마당에 의존함으로써 북한체제에 대한 신뢰나 충성심 강요가 어렵게 되었다는 점이다. 이런 상황에서 북한이 택할 수밖에 없는 정책은 전통적인 우호국인 중국과의 관계를 회복하고, 남한과의 긴장 완화와 Hegemon 미국과의 관계 정상화를 시작으로 국제 사회가 인정하는 정상국가로 다가가는 정책 전환이 필요한 것이다.

이런 배경으로 김정은 정권의 북한은 종전에는 볼 수 없었던 수많은 정상회담을 추진하여 북한체제에 대한 신념을 유지시키고 주민들의 불만을 줄이고자 노력해 왔다. 특히 주목할 점은 근년에 북한의 대남 정책에 큰 변화가 있었다는 점이다. 북한은 지난날 남한을 단지 적화 통일 전략의 대상으로 삼았을 뿐 진정한 대화의 파트너로 인정하는 데 인색하였지만 문재인 정부에 들어와 그동안 소원했던 남북 관계 정상화를 통해 남한과 미국의 연합군사 훈련을 연기하거나 자제하는 쪽으로 유도하는 한편, 남북 직접 경제협력을 포함해서 지금까지 교착 상태에 빠져 있는 북미 관계 개선에 있어 남한의 중재와 협조가 매우 필요했다고 추론된다.

즉 적대국과의 안보 위협이 고조되는 상태에서 동맹국과의 관계가 소원해진 북한이 택할 수 있는 돌파구는 중국과의 관계를 회복하고 북한에게 유화적인 태도를 보인 문재인 정부와 협조를 얻어 대미 협상력을 높이는 것이었다. 북한의 입장에서 남한과의 관계 정상화 추진은 북한에게 남아 있는 유력한 선택지가 얼마나 제한적인가를 보여주는 것이라 평가된다. 이하에서 북한에서 유일하게 성공적으로 운영된 남한 전용 경제 특구인 개성공단과 남북 경협의 상징이라 할 수 있는 금강산 관광 사업을 중심으로 북한체제의 개방과 교역 확대 노력을 살펴보기로 하자.

 ## 4. 남북 경제협력의 성과와 한계

현 단계 남북 관계의 경색과 유엔 안보리와 미국의 독자 제재의 틀이 전혀 변화가 없는 가운데 2018년 과거 문재인 정부 같은 남북 간의 협력 분위기를 재창출하고 중지된 남북 경협의 재개를 기대하는 것은 비합리적인 것이다. 왜냐하면 과거의 남북 관계는 남한의 입장 변화만으로 비교적 쉽게 풀 수 있는 문제이지만 현재는 남한의 역량 밖에 있는 유엔 안보리의 제재와 미국의 독자 제재 문제가 해결되지 않으면 남북 간의 그 어떤 경협 형태도 거의 불가능하기 때문이다. 이런 현실은 분명 한반도 전역에 평화와 번영을 염원하는 모든 이에게 매우 답답하고 안타까운 일이지만 남북 경협과 긴장 완화, 나아가 남북 경제 공동체 혹은 남북 통일의 문제는 단기적인 사안이 아니라 장기적이고 지속적인 사안이기 때문에 일관성과 명확한 방향성을 가져야 마땅한 것이라는 데는 남북 모두 인식을 달리 하지 않을 것이다. 따라서, 현 단계 남북 경협의 교착 상태를 점검하고 성과와 한계를 살펴보는 동시에 장기적 관점에서 추진해야 할 요점들을 우선적으로 정리하는 것이 필요할 것이다.

1) 남북 경제협력의 변천과정

남북 경협은 지난 약 30여 년 동안 괄목할 만한 발전을 보여 주었다. 1988년 보수 정권이었던 노태우 정부는 이른바 7.7 선언을 발표하여 남북 교역과 남북 협력 사업의 길을 트게 되었는데, 그 배경에는 역사상 초유의 서울 올림픽 개최를 앞두고 긴장 완화가 필요하였고, 북한을 비롯해서 많은 사회주의 국가들의 참여가 필요했기 때문이었다. 같은 민족인 북한과의 협조도 구하지 못한 상태에서 다른 사회주의 국가들의 협조적 참여를 얻는 것이 명분이 없었을 뿐만 아니라 이념을 떠나 올림픽을 주체하는 남한이 한반도 긴장 완화와 평화를 주도하여 평화 올림픽을 개최함으로써 남한의 위상제고와 올림픽 경제 특수를 기대할 수 있는 실리가 확실한 조치였다. 이 선언은 북한의 호응을 얻어 서울 올림픽이 역대 최고의 참가국 수를 보이게 되어 남북 관계는 스포츠와 경제 부문 등을 중심으로 부분적으로 점차 교류가 이루어지게 되었다.

[표V-4] 남북 경협관련 주요 이벤트 변천(1988-2019)

단계	주요 이벤트	특징
태동기 (1988-1997)	- 대통령특별선언(1988.7.7) - 정주영 북한 방문(1989.1) - 남북 교류협력법제정 　(1990.8) - 남북 기본 합의서(1991.12)	- 탈냉전 분위기 조성(88 올림픽 개최가 　계기), 남북한 교역은 민족 내부 거래로 　규정 - 탈 이념, 북방경제권의 교두보 진출 - 비준을 얻은 남측 제도 구축, 안정적인 　경협구도를 마련 - 정치적 신사협정, 추후 ※4대 경협 합의 　서로서 국회비준을 마침. 이 시기 남북 　거래는 주로 위탁가공 생산형태의 경협
성장기 (1998-2007)	- 금강산 관광사업 개시 　(1998.11) - 제1차 남북 정상회담 　(2000.6) - 개성공단 착공(2003.6) - 북한의 북남 경제협력법제정 　(2005) - 제2차 남북 정상회담 　(2007.10)	- 관광 사업이 건설, 서비스 사업으로 확대 　되어 종합 경협으로 발전 - 김정일의 초청으로 성사됨. 건국 후 최초 　의 남북 정상회의. 상호 체제 인정, 한반 　도 문제 당사자 해결 원칙 확인. 남북 교 　류와 경협 논의 - 남한 생산자본 최초 북한 진출. 북한의 　남한 자본주의 학습 기회, 최초로 북한 　내 자본주의 실험장이 됨 - 경제 특구의 설치와 운영 - 남북 군사회담과 경제협력 확대
쇠퇴기 (2008-2016)	- 금강산 관광 사업 중단 　(2008.7) - 개성공단 제외한 남북경협 　중단(2010.5) - 개성공단 가동 중단(2016.2)	- 금강산 관광객 피습 - 천안함 사건으로 46명 군인 사망 후 조치 　(5.24 조치) - 4차 핵실험, 장거리 미사일 발사에 대응 조 　치. 박근혜 정부는 경협자금 수익으로 핵 　과 미사일 개발에 전용하는 것으로 판단

조정기 (2017-2020)	- 제3차 남북 정상회담 (2018.4) - 싱가포르 북미 정상회담 (2018.6) - 하노이 제2차 북미 정상회담 (2019.2) - 판문점 북미 정상회담 (2019.6) - 남북 공동연락 사무소 폭파 (2020.6) - 남북 통신망 복원 (2021.7)	- 판문점 선언(남북 정상 핫라인 구축, 경 의선, 동해선 남북 철도 연결 공동 조사, 남북 표준시 통일, 상호 적대 행위 중지) - 한미 연합군사훈련 연기와 북한 핵실험 중단 후 제 1차 북미 정상회담 개최(양국 간 새로운 관계 수립, 한반도 평화체제 구축 공동노력, 판문점 선언 재확인, 한 반도 완전한 비핵화 노력, 전쟁포로 및 행방 불명자 유골 송환 약속) - 비핵 개념 차이와 제재 해제 방식의 차 이로 노딜. 그 후 교류협력 중단 - 한미 정상회담 직후 약식 회담(구체적 합의는 무산. 추후협상을 약속했으나 실 무 협상도 결렬(2019.10)) - 대북 전단 살포에 대한 항의 - 그러나 한미 연합군사훈련 실시로 다시 중지(2021.7)

※ 4대 경협 합의서는 1) 투자 보장 합의서, 2) 이중과세 방지합의서, 3) 상사분쟁해결절차 합의서, 4) 청산결제합의서를 말하는데, 추후 북한의 합의 불이행으로 현재 사문화되었음

[표V-4]는 1988년부터 2020년까지 약 32년 동안 진행된 남북 교류와 경협과 관련된 남북 주요 이벤트를 정리 한 표로서 설명의 편의를 위해 경협의 규모와 내용을 중심으로 4단계로 구분하여 보았다. 먼저 태동기를 살펴보면 1988년 11. 14일 ㈜대우의 북한산 도자기 519점 (104천 불) 반입이 성사되고, 이어서 효성물산이 북한산 전기동 200톤 (104천 불)이 통관되고, 1989년 2월 4일에는 현대상사의 북한산 의류 5,000벌의 반출을 승인받는 등 대기업들이 중심이 되어 북한의 저임금을 이용하는 위탁 가공 교역 형태가 주류를 이루는 실험적이고 초기 형태의 경협 형태를 보이고 있었다. 이후 남북 경협 건수와 금액이 증가하자 남한 정부는 "남북 교류협력법"과 "남북 교류협력 기금법"을 제정(1990. 8. 1)하는 한편 행정의 편의를 도모하기 위해 통일부에 남

북 교류협력국을 설치하기도 하였다(1991.7.1).

이어서 남북 경협의 성장기는 1998년 금강산 관광 사업의 개시로부터 시작되었다. 이 대북 사업은 단순한 관광 서비스 산업의 경협이 아니라, 도로, 교통, 관련 지역 개발과 관련 시설물 건설과 서비스를 종합적으로 개발하는 종합 경협 사업으로 발전되었다. 이 시기 현대 그룹의 총수였던 정주영은 두 차례에 걸쳐 총 1001마리의 소떼를 싣고 분단의 상징이었던 3.8선을 넘어가는 이벤트를 실시하여 민간 주도로 그동안 정치적 안보적 이유로 금기시되어 있던 휴전선을 통과함으로써 경협과 남북 화해의 상징적 이벤트로 만드는 데 성공하였다.

결과적으로 볼 때 경협의 선두는 까다로운 정치가와 행정가들이 아니라 실리에 바탕을 둔 기업가들의 몫이라는 선례를 남기게 되었다. 이런 화해 분위기를 배경으로 2000년엔 평양에서 제1차 남북 정상회담이 성공적으로 개최되었고, 2003년 6월 개성공단이 착공되고 2004년 첫 생산물을 출하하게 되었다. 그 후 성공적인 공단 운영을 위해 북한은 2005년 "북남 경제협력법"을 제정하여 공단의 지위와 운영에 관한 기초적 법적 장치를 마련하였다. 이런 남북의 협조적인 분위기는 제2차 남북 정상회담(2007.10)으로 이어져 남북 군사회담과 경제협력 확대 논의로 연결되어 유사 이래 가장 활발한 남북 경제협력 활동이 진행되었다.

잘 알려져 있듯이 이 시기에 남북 경제협력 활동 중에서 가장 중요한 부분은 금강산 관광 사업과 개성공단 사업이라고 할 수 있는데, 이 부문은 조금 더 상세히 언급할 필요가 있다. 왜냐하면 이 두 사업은 실질적으로 규모와 내용면에서 남북 경제협력의 가장 상징적인 사업이기 때문이다. 우선 금강산 관광 사업은 전술한 바와 같이 그동안 적대적이었던 북한이 남한 자본을 위해 경제 특구를 지정하여 본격적으로 남한 자본 진출을 허용했던 첫 사례이자 본 사업을 둘러싼 도로 건설 등 각종 인프라 시설 건설과 운영 및 관리 기법, 그리고 자본주의와의 대가 지급 방식(지불 결제 방식) 등을 협의하는 과정에서 북한은 남한 자본주의 시장경제를 배우는 최초 학습장이 되었고 남한은 독특한 사회주의체제인 북한과의 첫 경협 경험을 쌓을 수 있는 소중한 기회가 되었다.

특히 금강산 관광 사업은 남한의 민간 기업과 북한 당국이 협력하는 형태로 진행되어 북한 당국은 남한 당국과의 명분과 자존심 경쟁에 구애될 필요가 없이 자유롭게 남한 기업과 경협 사업을 협의하고 타결함으로써 실익을 추구하고자 하였다. 금강산 관광의 대가 지급 방식에서 처음에는 일괄지급 방식을 취하다가 점점 관광객 수가 증가하자 관광객 수에 따라 지급하게 되는데 이것은 양측이 사업의 계속성과 타산성을 위해 공동으로 노력하는 결과를 초래한 것이고 북한 당국이 이 사업을 중요한 외화 벌이 사업으로 인식했다는 반증이기도 하다.

남한 정부로서는 유사 이래 최초로 북한 최고지도자의 초청을 받아 정전 후 최초의 정상회담을 통하여 상호 체제 인정, 한반도 문제 당사자 해결 원칙을 확인하고 본격적인 남북 교류와 경협 관련 논의를 구체화하게 되었다. 이것은 그동안 남북 교류와 경협에 구체적인 실행 입장을 가지고 있지 않았던 북한에게 남한이 주도권을 발휘한 첫 사례로 평가할 수 있을 것이다. 금강산 관광 사업은 순조롭게 진행되어

2008년 본 사업이 중단되기까지 남한 중심의 관광객 수는 약 200만 명에 달하게 되었고 뒤이어 남북 간에 각종 스포츠와 문화 행사로 다양하게 발전하였다.

이 시기에 또 하나의 획기적 남북 경협 사업은 개성공단 사업이었다. 2003년 6월 착공한 개성공단은 2000년 6월 제1차 남북 정상회담의 후속 조치로 실행된 사업으로 남북 경제협력의 가장 상징성 있는 사업이었다. 이 사업이 성사됨으로써 최초 남한의 생산자본이 직접 북한에서 노동자들과 생산 과정을 함께 한다는 점에서 과거 위탁 가공하던 초기형태와는 큰 차이를 가지고 있다. 북한은 이 기회를 이용하여 가용 외화를 얻는 기회인 동시에 인프라 건설과 공장의 운영 노하우를 학습하게 되고 결제 방식을 체험하는 기회가 되었다. 또한 남한 자본주의와 조화하는 법 제정과 시행 세칙 등을 마련하는 가운데, 향후 다른 자본주의 국가와 경협에 대한 현장 지식과 학습기회를 가지게 되었다. 개성공단의 주축은 주로 남한 중소 수출기업이 되어 2016년 2월 가동 중단 시기엔 125개 입주 기업이 있었고 약 5만 5천 명의 북한 노동자와, 1천 명의 남한 근무자가 공단에 근무하고 있었다. 2016년까지 누적 생산액은 32억 불에 달했던 것으로 알려져 있다.

그러나 2018 금강산 관광객 피습 사건을 기화로 금강산 관광 사업은 중단되고 2016년 북한의 제4차 핵실험을 계기로 개성공단마저 가동을 중단하여 남북 경협의 쇠퇴기를 맞이하게 되는데, 이러한 남북 경협의 중단은 남북 경협이 경색된 남북 정치와 군사, 안보에 얼마나 취약하게 노출되어 있는가를 알려 주는 좋은 사례가 되었다. 북한은 이른바 핵 경제 병진 노선을 추진하여 안보와 경제 건설을 모두 성취하고자 하였으나 성공하지 못하고 남한의 반발로 지금까지 모든 경협이 중지되었고, 유엔 안보리 제재와 촘촘한 미국 독자 제재의 결과 이제는 남한이 자체적으로 기존의 남북 경협 형태를 복원할 수도 없게 되어 버렸다.

현재의 남북 경협 형태는 북한 자체의 노력으로 대북 제재의 난관을 해결하기 전까지 남북 경협 논의 자체가 불가능한 상태로서 북한은 수차례 정상회담을 통하여 대북 제재 해제를 위한 국제적 협상을 준비 중에 있다고 판단되며 남측 또한 언젠가는 복원될 남북 경협의 내용과 형식을 두고 준비하고 조정하는 기간을 갖고 있는 것이다.

2) 남북 경제협력의 성과

지난날 남북 경협을 통한 물자 교류는 노태우 정부 시절 7.7 선언 후 시작되었으며 최초 대기업들의 소규모 위탁 가공 교역으로 시작하여 점차 중소 기업들의 참여로 교역 규모가 늘어나게 되었다.

[표V-5] 남북 교역 추이(1989-2015)

단위: 백만 달러

구분	1989	1993	1997	2001	2005	2009	2013	2014	2015	합계
반입	19	178	193	176	340	934	615	1,206	1,452	12,411
반출	0	8	115	227	715	745	521	1,136	1,262	12,075
합계	19	187	308	403	1,056	1,679	1,136	2,343	2,714	24,485

자료: 통일부, 통일백서 2016. p. 67

[표V-5]에서 보듯이 남북 교역은 급증하게 되는데, 이것은 금강산 관광 사업과 이어 개성공단의 가동으로 반입과 반출이 급증했기 때문이었다. 일반적으로 볼 때 북한으로부터 반입이 반출보다 높았다. 표에서 유의할 점은 반출 안에는 인도적 물자 지원이 포함되어 있는데 역대 정부의 대북 정책 기조에 따라 그 규모와 비중이 크게 변동하고 있다. 이를 구분하기 위해서는 남북 교역의 구체적 유형을 나누어 살펴볼 필요가 있다.

[표V-6] 남북 교역 유형 추이

	유형	2005	2010	2011	2015	2020
반입	단순교역/위탁가공	320	334	4	0	0
	경협	20	710	909	1,452	0
	비 상업/인도적지원	0	0	1	0	0
	소계	340	1,44	914	1,452	0
반출	단순교역/위탁가공	99	101	0	0	0
	경협	250	744	789	1,252	0
	비 상업/인도적지원	366	23	11	10	4
	소계	715	868	800	1,262	4
총계		1,055	1,912	1,714	2,714	4

자료: 통일부

기본적으로 남북 교역은 남북 특수 관계 거래로서 민족 내부 거래로 명명되어 수입 수출 대신에 반입 반출이라는 용어로 표현되고 있다. 따라서 남북 교역의 경우 관세가 없으며, 제3국 수출인 경우에 한하여 관세 환급 대상이 될 뿐이다. 전체적으로 남북 교역은 상업거래인 단순 교역/위탁 가공, 경협과 대북 인도적 지원 같은 비상업 거래[50]로 양분할 수 있는데, 비상업 거래는 역대 정부의 정책 기종에 따라 큰 변동을 보이고 있다. 즉, 2005년 3억 6,600불이었던 규모가 천안함 사태 이후 2010년에는 2,300만 불로 급감하고 있다. [표V-6]에서 드러나듯이 남북 교역은 전체의 99% 이상이 상업거래의 형태를 보이고 있기 때문에 남북 경협과 교역은 거의 상업거래 중심으로 이루어져 있다고 볼 수 있다.

　한편 남북 교역은 그 형태와 함께 교역 품목을 살펴봄으로써 교역의 내용에 한걸음 더 다가 갈 수 있다.

[표V-7] 남북 교역 품목 구성

단위: %, 천 달러

구분	섬유류	전기, 전자제품	농림, 수산물	기계류	생활용품	철강금속	화학제품	광산물	플라스틱, 고무, 가죽제품	잡제품	합계
2014년	828,547 (35.4)	882,469 (37.7)	38,057 (1.6)	166,739 (7.1)	198,996 (8.5)	31,650 (1.4)	104,788 (4.5)	39,102 (1.7)	51,033 (2.2)	1,259 (0)	2,342,649 (100)
2015년	915,316 (33.7)	1,070,497 (39.4)	31,431 (1.2)	164,971 (6.1)	262,597 (9.7)	262,597 (9.7)	125,534 (4.6)	36,894 (1.4)	64,397 (2.4)	123 (0)	2,714,476 (100)

자료: 통일부, 통일백서 2016

　상기 표에서 잘 알 수 있듯이 남북 교역의 품목별 현황은 섬유류와

50　비상업 거래는 대부분 인도적 거래인 대북 지원 사업을 위한 반출이고 대북 경수로 지원 사업 같은 정부 정책 사업, 북한의 역사 유적지 공동조사 관련 사업, 사회문화 협력 사업 등도 포함된다.

전기·전자 제품이 73.2%를 차지하고 있는데, 이런 품목들은 1970년 대 선진국과 개도국 교역에서 중요한 부분을 차지했던 신국제분업 형 태를 취하는 가장 대표적인 품목들이다. 이른바 공정별 분할이 용이 하여 국제 하청에 매우 유리한 제품으로 상품 생산 기술로 볼 때 국제 적으로 표준화되어 있어 선진국들이 개발도상국들에게 생산 공정을 쉽게 분할 이전할 수 있는 대표적인 품목인 것이다. 비록 추가 자료가 부족하여 자세히 알 수는 없지만, 개성공단 제품의 대부분은 남한의 수출 산업의 하청 외주 형태로 반입 반출이 이루어졌을 것으로 추론 된다. 한편 주로 개성공단 설치와 운영과 관련된 것으로 추정되는 기 계류(6~7%), 화학 제품(4%) 등을 제외하면 남한 소비용으로 반입되 는 농림, 수산물 교역액은 전체의 1.2%에 점하고 있다.

3) 개성공단 설립과 운영의 평가

이제 마지막 남은 문제로서 남북 경협의 상징이라 할 수 있는 개성 공단의 설치와 운영의 평가를 통해 드러난 남북 경협의 문제점과 한 계를 살펴보기로 하자. 전체적으로 남북 경협은 "남북한 합의에 의한 공동 운영" 원칙에 입각하여 3통(통행, 통신, 통관)과 임금체계에 대 하여 포괄적으로 합의하기로 되어 있었지만 북한 당국은 최저 임금과 노동규제는 협의 사항이 아니라 북한의 권한이라고 주장하였으며, 개 성공단 관리 위원회가 남측 정부를 대변한다는 이유를 내세워 관리 위원회 부위원장 등 2명에 대해 북한 출입제한 조치를 내리는 등 다소 일방적인 공단 운영을 추구하곤 하였다.

이 과정에서 남한 당국은 공식 기구인 '개성공단 남북공동위원회' 회의를 통해 이 부분을 설득하고 계속적으로 대화와 타협을 모색해 나왔지만 북한의 일방적인 공단 운영의 시도는 지속되었다. 북한 당국자들은 남북 경협 관련 원칙과 규정을 엄중하게 지키려는 노력보다는 경협 운영을 둘러싸고 북한 당국에 대한 충성심과 정치적 배려를 표출하는 양상을 보였던 것이다. 이런 문제점은 향후 경협 이행과 사업 운영 과정에서 북한체제의 이념적, 정치적 군사. 안보적 변수들이 개입되지 않도록 어떻게 안정적인 제도적 장치를 할 것인가 하는 과제를 남겨 놓았다고 볼 수 있다.

우선 개성공단의 건설과 운영과정을 살펴본다면 주로 남한이 북한에 공공재를 제공함으로써 실행과정으로 접어들었다고 볼 수 있는데, 그동안 남한 정부가 제공한 공공재는 보이는 공공재인 기반 시설과 관련 공공재와 공단 지원 시설과 관련된 공공재 그리고 보이지 않는 공공재라고 할 수 있는 법적, 규범적 제도 공급으로 대별할 수 있다.

첫째 형태인 기반 시설과 관련된 주요 공공재는 공단 용수공급 시설인 정수장(용량 3만 ㎥/일) 1개소, 폐수종말처리 시설(용량 1만 5천㎥/일) 1개소, 폐기물 매립 시설(6만 1천㎥/일 추후 시설 확장) 1개소, 전력 시설(10만 KW 용량), 통신 시설(1,300회선, 추후 회선 추가) 등이고, 다음으로 지원 시설을 살펴보면, 기술교육센타, 종합지원센터, 소방서, 응급의료 시설, 탁아소 등이 있는데, 그중에서 대표적 시설은 문재인 정부 시절 2,350억 원 상당의 건물 비용이 투입된 "남북 공동연락 사무소"와 "종합지원센터", 그리고 의료 시설들이 대표적이라고 할 수 있다.

불행하게도 북한은 지난 2020년 6월 남북 경협의 상징 건물이라 할수 있는 남북 공동연락 사무소를 반공화국 삐라 살포를 구실로 폭파하면서 그 옆 건물인 종합지원센터는 큰 피해를 입었을 것으로 추정된다. 종합지원센터는 지상 15층, 지하 1층으로 된 본 건물로서 "개성공단 남북공동위원회 사무처" 사무실, "개성공업지구 관리 위원회" 업무 시설, 은행과 편의 시설, 개성공단 홍보관 및 제품 전시, 판매 시설등이 입주해 있었다.

한편 개성공단 내 의료 시설은 남한의 의료 분야와 북한의 종합 진료소가 통합 운영되면서 남북 화합의 장이 되었는데, 2015년 한 해 동안 "개성공업지구 부속병원"과 북한의 종합진료소에서 총 4,727명의 남북한 근로자가 진료를 받은 걸로 알려져 있다. "개성공업지구 부속의원"은 2012년 12월 연건평 1,487㎡ 지상 3층, 10개의 병상을 구비했는데, 2015년 1월 이후는 "카톨릭 학원 의정부 성모병원"이 운영하고 있었다.

이제 마지막 남은 부분인 개성공단의 건설과 운영과 관련되어 남북이 각각 마련한 법규와 제도 그리고 상호 간 맺은 합의서 내용을 검토해 보기로 하자. 이들은 공단의 기반 시설과 지원 시설과 같이 하드웨어적인 것이 아니라 그것을 작동시키는 소프트웨어 같은 것으로 눈에드러나는 것이 아니지만 아주 주요한 공공재의 하나라고 할 수 있다.

[표V-8] 개성공단에 적용되었던 남북한 합의서

구분	남북 간 합의서
남북 경협 4대 합의서	• 남북사이의 투자보장에 관한 합의서(2000.12.16)
	• 남북사이의 소득에 대한 이중과세방지 합의서(2000.12.16)
	• 남북사이에 상사분쟁 해결절차에 관한 합의서(2000.12.16)
	• 남북사이에 청산결제에 관한 합의서(2000.12.16)
개성공업 지구 관련 합의서 (8개)	• 개성공업지구 통신에 관한 합의서(2002.12.8)
	• 개성공업지구 통관에 관한 합의서(2002.12.8)
	• 개성공업지구 검역에 관한 합의서(2002.12.8)
	• 개성공업지구와 금강산관광지구의 출입 및 체류에 관한 합의서(2004.1.29)
	• 개성공단의 정상화를 위한 합의서(2013.8.14)
	• 개성공단 남북 공동위원회 구성 및 운영에 관한 합의서(2013.8.28)
	• 개성공단 남북공동위원회 사무처 구성 및 운영에 관한 합의서(2013.9.11)
	• 개성공단에서의 "남북상사중재위원회 구성. 운영에 관한 합의서" 이행을 위한부속합의서(2013.9.11)
기타 관련 합의서	• 남북 사이에 거래되는 물품의 원산지 확인절차에 관한 합의서(2003.7.31)
	• 남북 상사중재 위원회 구성. 운영에 관한 합의서(2003.10.12)
	• 남북 사이의 도로운행에 관한 기본합의서(2004.4.13)
	• 남북 사이의 열차운행에 관한 기본합의서(2004.4.13)
	• 동·서해지구 남북관리구역 임시도로 통행의 군사적 보장을 위한 잠정 합의서(2007.5.11)

자료: 통일부 『통일백서』 2016, p. 85

하지만, 개성공단에 적용되는 남북 간 합의서에는 남한과 북한의 각기 다른 법규가 함께 작용하고 있기 때문에 아무리 합의 사항이 있다하더라도 상위법인 남한과 북한의 법규의 적용과 해석에 따라 합의는 실제 실행력을 가질 수 없는 한계는 피할 수가 없게 되어 있다.

남한의 개성공단 관련 법규는 2007년 5월에 제정된 "개성공업지구

지원에 관한 법률"이 있고, 북한 법규는 2002년 11월에 제정된 "개성 공업지구법"을 기본법으로 하여 "개성공업지구 개발규정" 등 16개의 하위 규정으로 구성되어 있는데 "개성공업지구법"은 "개성공업지구 관리 위원회"에 사업준칙 작성 권한을 부여하였기 때문에 이에 따라 관리 위원회가 공단 가동 중단 때까지 활동하여 약 50개의 준칙을 제 정하여 운영되었다. 이러한 각종 합의와 준칙의 제정으로 "개성공업 지구지원재단" 같은 기구가 설립되어 관리 위원회에 대한 지원, 운영 지도, 감독 및 개성공단 개발 및 입주기업 지원대책 수립, 시행, 각종 민원 대행을 수행하기도 하고, 남북 경협기금 특별대출과 투자 손실 액의 90%까지 보상할 수 있는 경협보험제도를 장치하여 개성공단 입 주기업들의 안전하고 계속적인 기업활동이 이루어지게 되었다.

이상을 종합해 보면 1980년대 말 엄중한 냉전시기에 남한의 주도 로 남북 경협을 시작한 혁신적 사고는 보수적인 노태우 정부의 빛나 는 업적이라고 평가할 수 있으며, 이를 시작으로 출발된 개성공단은 금강산 관광 사업과 더불어 남북 교역의 대표적인 경협 사업이 되어 2000년 들어 남북 경협의 전성기를 누리다가 2008년 금강산 관광객 피격과 2016년 제4차 북핵 실험의 여파로 중단되었다.

그 후 문재인 정부 이후 중단된 남북 경협을 복원하고자 노력하였 으나 각종 국제제재로 인해 그것이 원초적으로 불가능하게 되어 남북 경협 재개 문제는 민족 내부 거래로 환원되지 못하고 국제 문제로 귀 결되어 국제 사회의 대북 제재 해제 없이는 불가능하게 되었다. 이것 을 인식하고 있는 북한과 남한의 문재인 정부는 수차례 남북 정상회 담과 북미 정상회담 등을 통해 이것을 해결하려 했으나 이른바 핵과

남북 경제협력의 새 비전과 과제 : 남한식 헤게모니 모색

경제 병진 정책은 자체적인 모순적인 성격으로 인해 정상회담과 그 후속 회담을 통한 일괄타결의 기미는 보이지 않고 아직까지 교착 상태에 빠져 있다.

넓은 시각으로 볼 때 현재 남북 경협의 교착 문제는 경협의 중단으로 인한 과거 냉전으로의 환원이 아니라 새로운 형태와 내용을 위한 조정기간이라고 평가하고 싶다. 비록 천안함 사건과 북핵 사태로 빚어진 남북 긴장은 유감스러운 일이지만, 남한이 분명하게 인지해야 할 점은 북한이 이미 체제 안정과 정상국가로의 전향을 적극 표현하고 있고, 수차례 정상회담에 적극성을 표현하는 것 자체가 더 이상 남북 간에는 과거 냉전 시대의 이념 경쟁과 군사 대결의 형태를 탈피하고 북한식 개방과 북한의 경제 발전을 도모하여 궁극적으로 북한체제 안전을 확보하려는 노력에 주력하고 있다는 점이다.

그간 남한 정부는 막대한 공공재 투입을 통해 폐쇄된 북한 사회를 열고 남북한 교류 확대는 물론 경제 통합 내지 통일의 초석을 다지는 데 성공했을 뿐만 아니라 그것을 기반으로 유라시아 대륙을 가로질러 보다 넓은 세계경제시장으로 나아가는 꿈을 꾸게 되었다. 상기에 언급한 공단 인프라 구축과 교역 규모와 형태 등 물적 실적 못지않게 남북한 자체의 역량으로 맺은 수많은 합의들과 제도, 그리고 관련 기관을 통한 공동 운영 경험은 보이지는 않지만 귀중한 우리의 무형자산인 것이다.

또한 그동안 공단 안에서 인적 교류의 실적도 남북 경협의 소중한 자신이 되었다. 2015년 12월 기준으로 개성공단에 근무한 북한 근로자 수는 54,988명이었으며, 휴전선을 가로지르는 경의선과 동해선 2

개의 육로를 통한 인원도 출경 기준으로 총 2,956,010명의 인원(육로 개통이 개시된 2003년부터 2015년 12월까지)과 총 930,824대의 차량 이 출입하였다.

한편 현재 교착 상태에 빠져 있는 남북 경협은 향후 대책과 관련하여 우리에게 다음과 같은 과제를 던져 주었다. 첫째, 남북한 각 당사자는 제각기 다른 법과 제도를 가지고 있어 규범의 규범적 구속력이 매우 약화되어 있기 때문에 향후 통일된 법규를 합의하여 단일법 체계를 구비할 필요가 있다. 이런 법체계는 부분적으로 법규에서의 남북 통일을 의미하며 경협에서 남북 공동 관리체계를 의미하는 것이다. 둘째, 남북 교역관리를 positive에서 negative체제로 이행하여 negative 품목 이외에는 모두 자동 승인품목으로 하는 것이 필요하다. 향후 남북 경협은 종전과는 다르게 엄청난 폭발적인 성장이 예견되기 때문이다. 셋째 남북 교역의 계속성, 안전성을 확보하기 위해 정경 분리 원칙을 확실하게 명기할 필요가 있다. 물론 현재 전개되는 남북 관계에서는 이것이 불가능하겠지만, 정경분리의 원칙이 적용되는 범위는 확실하게 함으로써 향후 기대되는 폭발적 남북 교역의 효율성을 도모할수 있다. 마지막으로, 실효성 있는 투자보장제도 확보가 더 필요하고, 북한이 취약한 금융경제 시스템을 새롭게 구축하는 것, 보다 정교한 분쟁 해결 시스템의 개선 등이 고려되어야 할 것이다.

무엇보다 남한이 고려할 점은 단순히 기존의 남북 경협의 복원하는 형태로 북한과 협상하는 것은 설득력이 많이 떨어진다는 점이다. 이미 세계경제 환경도 바뀌었고, 앞으로의 북한 사회는 과거와 같은 북한이 아닐 수도 있기 때문에 북한에게 긴요한 사업을 중심으로 경협 사업을 기획할 필요가 있을 것이다. 예를 들면 5G 통신, 한 단계 낮은 기술을 사용한 반도체, 농업과 환경 관련 제품 등은 북한이 오직 남한에게만 얻을 수 있는 기술체화 제품이기에 남한이 북한과의 경협 협상에서 유력한 협상력이 될 수 있다.

VI 해외동포 사회의 재인식

 1. 해외동포를 보는 시각

한반도의 화해와 남북 경협 내지 남북 통일에 대한 논의 과정에서 남북 당사자와 주변 관련국을 고려하는 것만으로 충분한 것은 아니고 약 732만 명의 해외동포들도 관련 당사자의 자리에 있다는 점을 상기하는 것이 매우 중요하다. 이들은 역사적 유제로서 과거 우리 사회가 마땅히 포용했어야 할 대상이었으며 향후 기대할 소중한 민족 자산으로서 위치하기 때문이다. 서기 1세기에 나라를 잃고 세계로 흩어져 살아야 했던 유대인들이 20세기에 새로운 나라를 만들고 현재까지 소강국으로 존재하는 이스라엘의 배후에는 수많은 해외 유태인들과 그 조직들의 지원과 후원이 있다는 사실과 대만의 발전뿐만 아니라 오늘날 미국 헤게모니에 격렬하게 도전하고 있는 중국의 발전에도 동남아시아에서 큰 세력으로 조직화되어 있는 화교들의 자본과 인력이 지대한 공헌을 했다는 사실을 점을 고려할 필요가 있을 것이다. 이런 시

남북 경제협력의 새 비전과 과제 : 남한식 헤게모니 모색

각을 구체적으로 발전시키기 위해 우선 우리는 그동안 남북한이 어떻게 해외동포 정책을 시행해 왔는가 하는 점부터 정리하고자 한다.

1) 북한의 해외동포 정책

북한의 해외동포 정책은 북한의 재일동포 정책에서 극명하게 드러났다고 볼 수 있다. 북한은 1955년 조총련(재일 조선인 총 연합회) 결성을 시발로 해외동포 정책을 실행하였는데, 1960년까지 전성기에는 60만에 가까운 재일동포의 80%인 43만 명이 가입할 정도로 명실상부한 재일동포 사회의 구심점이 되어 동경에 본부를 두고 지방 본부 48개 지부 260개 지방 분회로 1,300개를 거느린 거대 조직으로 운영되었다. 산하기관에는 조선은행, 조선신보 등 22개 기업과 단체[51]가 금융, 보험과 교육 문화 언론 등의 중추적 기능을 담당하고 있었다.

북한은 이런 조직들을 재정적으로 지원하기 위해 1957년엔 2억 엔, 가장 지원이 많았던 1975년에는 34억 엔을 지원하여 2010년 현재까지 154차례 누적 462억 엔을 지원하였다고 알려져 있다.[52] 출범 당시 북한의 재정 지원 의도는 한반도 통일과 일본과의 수교에 재일동포의 역할을 기대하면서 역점 사업으로 우리말과 글을 가르치는 민족 교육을 실시하기 위해 곳곳에 조선학교를 세우는 것이었으며 한때는 151개교에 6만 명의 학생을 수용하고 있었다. 이러한 전폭적인 북한의 지

---

51 조총련 및 산하 단체에는 조총련과 조선학교, 신용조합, 상공회, 금강보험, 조선신보사와 기타 단체들로 구성되어 있다고 한다. 이들 조총련계 산하 단체들이 보유한 공유 부동산의 추정평가액은 1990년 초의 기준으로 20조 엔을 넘는다고 한다. 변종수(1994), pp. 39에서 재인용

52 KBS「남북의 창(2011)」

원은 일본 사회에서 대를 이어 차별을 받았던 재일동포들에게 매우 감격스러운 일이었으며 동포 사회의 전폭적인 지지를 받기에 충분하였다.[53]

이러한 지지에 힘입어 북한과 조총련은 재일동포 북송 사업을 전개 1959년부터 1984년까지 25년간 9만 3천 명을 북한으로 송출하였다. 남한의 극렬한 반대를 무릅쓰고 일본은 북한과 동조 정책을 취하게 되었는데, 일본으로서는 빈곤층인 재일 교포의 높은 범죄율, 사회불만세력을 줄이는 것이고, 북한에서는 전후 국가 재건에 노동력 확보가 절실했으며, 재일동포 정책을 이용하여 일본과의 수교가 필요했기 때문이었다.

그러나 잘 알려져 있듯이 북한의 지속적인 노력에도 불구하고 조총련의 위세는 1965년 한일 국교 정상화를 기점으로 하락하기 시작하였다. 그동안 재일동포의 대표기관으로서 조총련의 지위는 한일 국교 정상화를 계기로 일본 내 합법적인 지위가 상실되고 창립 당시 회원이 재일 교포의 5%에 불과하던 민단(재일본 대한민국 민단)이 상당한 회원을 가진 합법 단체가 되었기 때문이었다. 이 시기 이후 조총련은 북한의 통일전선 조직으로 성격이 강화되는 결과를 낳고 말았는데, 결과적으로 남한의 시각으로 볼 때 이때부터 조총련의 이미지는 북한의 공작활동을 지원하거나 적화 통일 지원세력으로 비쳐지게 되었다.

더구나 1960년대 후반부터 북한 경제는 서서히 경제가 약화되는 중에 애국 송금을 강요하기에 이르러 매년 10억 달러를 북한으로 송금

---

53 KBS「남과 북, 경계에서 도전하는 4명의 젊은이 밀착 취재! - 도쿄 조선대학교 이야기」 2019.5.2 방송

하도록 종용하기도 하는 한편 1967년 조총련 간부를 북한 최고인민회의 대의원(남한의 국회위원)에 임명하여 공식적으로 해외동포 대표를 북한 정책 수립의 주요 의사 결정권자로 우대하였다. 그 뒤로 북한은 점차 가중되는 경제난을 타개하고 둔화하는 국내 경제에 활력을 주기 위하여 1984년에 합영법 제정하여 재일 상공인을 필두로 해외 거주 조선동포들이 북한과 합영할 수 있도록 조치하고 계속해서 외국인 투자법과 관련 법(개정 합영법, 합작법, 외국인 기업법)을 확충하면서 종전의 정치 선전 선동전략에서 벗어나 경제난 타개를 위한 해외동포 자본의 유치 전략으로 선회하였으나 그 실적은 미미하였다.

1990년대의 사회주의권의 몰락과 2000년대 북한의 핵개발과 일본인 납치 문제는 일본 내에서 북한과 조총련의 이미지에 치명적인 타격을 주었다. 일본 국민들의 핵 공포는 북한과 조총련에 대한 부정적 여론을 비등하게 하였고, 2002년과 2004년 두 차례의 북일 정상회담을 통해 북일 간 관계 정상화를 추진하였으나 지금까지 큰 진전 없이 중단된 상태이다. 그 중요 이유는 회담 중에 북한 최고지도자인 김정일의 일본인 납치 사건의 공식 인정과 사과가 일본인들의 북한에 대한 부정적인 여론을 비등하게 했기 때문이었다. 이로써 북한과 일본이 원했던 관계 정상화 타결은 미해결로 남게 되었다.

북한은 일본과의 수교를 통해 일본의 대 북한 적대 정책을 해소하는 한편 과거사 보상을 얻고 아울러 재일 교포와 일본자본 유치를 원했던 것이고, 일본은 북한과의 관계 정상화를 통해 2차대전 후 유일하게 남아 있던 북한과의 전후 처리를 완료하는 동시에, 당시에 남북 해빙 무드와 서방 진영의 북한과의 수교 행렬에 뒤쳐지는 것을 우려했기 때문이었다.

상황을 더욱 나쁘게 만든 것은 조총련 조직을 금융부문으로 뒷받침하던 조선은행이 약 600억엔 이상의 부채를 남기고 파산하였으며, 남한 경제의 비약적 발전으로 남한이 지원하는 민단 세력의 성장의 여파로 현재 조총련의 회원수는 약 5만 명으로 전성기의 10분의 1로 줄어 들었고 한때 150개였던 조선학교 수도 절반 정도로 줄어들었으며 한때 6만 명이었던 재학생 수도 1만 명으로 줄어들었다.

2) 남한의 해외동포 정책

최근까지 남한의 해외동포 정책은 대북 정책에 대한 예속된 정책으로 북한의 공세적인 해외동포 정책에 수세적으로 대응하는 수준이었다. 즉 2020년 해외동포법[54]이 시행되기 전까지 남한의 해외동포 정책은 주로 국가 안전기획부의 안보 차원에서 북한의 공세적 통일 정책을 방어하는 소극적 태도를 견지하였다. 따라서 해외동포의 개념의 혼선, 법률적 근거의 미비, 외무부의 소극적 태도, 관련 업무의 분산, 예산 부족, 지역별 나라별 세부 정책 불비는 물론 해외동포가 가지고 있는 강점인 외교, 문화, 경제적 잠재력을 고려하는 데 매우 인색하였다.

전체적으로 볼 때 현재까지 남북한의 해외동포에 대한 시각은 과거 냉전의 유물로 남아 있으며, 해외동포가 가진 잠재적 역량을 고려하지 않았거나 과소평가한 것으로 볼 수 있다.

주지하다시피 대다수 해외동포는 19세기 일제 강점기에 집단 이산

54　재외동포법은 1999년 9월 2일에 제정, 공포되고, 1999년 12월 3일에 시행되었음

(Diaspora)⁵⁵을 당했거나 극빈했던 지난날 우리 사회가 포용하지 못한 채 세계 각국으로 흩어진 집단으로 우리 사회가 도덕적으로 책임을 면하기 어려운 사람들이다.

뿐만 아니라 이들은 이미 각국에서 성공적으로 정착하여 한민족 문화를 유지하고 2세와 3세를 거쳐 계속 발전하는 소중한 문화 경제적 자원으로 성장하고 있는 가장 우호적인 해외 집단이며, 향후 한반도 경제사회 발전에 최고의 동반자적 위치에 있다. 그들은 이미 축적된 국제 정보와 지식 그리고 탄탄한 재력을 구비하고 있고 조국의 발전에 기여할 준비가 잘 되어 있는 소중한 집단이기 때문에 국익 차원에서도 소중한 전략적 동반자 그룹임을 분명히 할 필요가 있다.

이러한 필요성은 우리나라에서만 특수하게 제기되는 것이 아니라 한국과 같이 많은 해외동포를 가지고 있는 수많은 나라들이 이미 오래전부터 인식하여 정책적으로 뒷받침했던 보편적인 것이었지만 우리나라의 경우 남북 대치로 인한 긴장 상황과 시급한 경제 발전 전략

---

55 동물의 경우 환경과 생존 여건에 따라 거주지를 이동하듯이 인간도 필요에 따라 거주지를 이동하는 것은 극히 당연하고 자연스러운 일이다. 그러나, 본능적으로 움직이는 동물 세계와는 다르게 인간 사회의 경우 개인적인 동기뿐만 아니라 정치 사회적 요인으로 집단적으로 거주지를 옮기거나 이주를 강요당하는 경우가 많은데 이를 두고 "디아스포라(Diaspora)"라는 용어로 표현되곤 한다. 역사적으로 볼 때 이 단어는 바빌론 유수(Babylonia Exile)이후 유대인들이 세계 각지로 흩어져 살면서 집단 이산의 아픔을 지칭하는 말로 유래하였으나 오늘날에는 보다 광범위하게 원래 특정 지역에 속했던 인구가 사회적 문제로 인해 해당 지역과 나라에서 이탈하여 다른 지역과 나라에서 거주하는 사람들을 통칭하여 사용되고 있다. 많은 형태 중에 가장 대표적으로 알려진 형태는 원형인 유대인의 형태(diaspora), 식민체제와 기근이 원인이 된 아일랜드 형태(Irish diaspora), 이스라엘-팔레스타인 분쟁 이후 팔레스타인 형태(Palestinian diaspora), 남 중국인(통칭하여 화교)과 인도인들의 형태(Indian diaspora)를 포함하여 수많은 형태가 정치적, 경제적, 종교 문화적인 배경이 되어 혼재하고 있다. 2019년 UN 통계에 의하면 인도 형태가 17.5 Million으로 1위이고 멕시코 형태(Mexican diaspora)가 11.8 Million, 중국 형태(Chinese diaspora)가 10.7 Million으로 각각 2, 3위를 보이고 있다.

에 매몰되어 소중한 민족 자산인 해외동포 정책이 주목받지 못했다고 볼 수 있다.

 ## 2. 해외동포 현황

「재외동포법」 제2조[56]의 정의(2008. 3. 14 전문개정)에 의하면 "재외동포"란 1. 대한민국의 국민으로서 외국의 영주권을 취득한 자 또는 영주할 목적으로 외국에 거주하고 있는 자(재외국민), 2. 대한민국의 국적을 보유하였던 자(대한민국 정부 수립 전에 국외로 이주한 동포를 포함) 또는 그 직계비속으로서 외국국적을 취득한 자 중 대통령령으로 정하는 자(외국국적 동포)"로 규정하고 있다. 즉 「재외동포법」에서 재외동포는 재외국민과 외국국적 동포를 포함하는 범주이며, 본서에서 사용하는 해외동포의 범주도 이와 다르지 않다.

[표VI-1] 해외동포 현황(2021년 기준)

단위: 명

지역별 \ 연도별	2015	2017	2019	2021	백분율 (%)
총계	7,292,485	7,539,821	7,493,587	7,325,143	100

---

56 재외동포법의 정식 명칭은 「재외동포의 출입국과 법적 지위에 관한 법률」이다. 이 법이 제정될 당시인 1999년은 한국이 IMF 금융위기를 극복하기 위해 재외동포의 모국 투자가 절실한 시점이었다. 당시 정부는 해외동포의 체류 자격을 완화하는 한편 부동산, 금융, 외환 거래에 있어서 해외동포에게 내국인과 동등한 권리를 부여하는 것이 주요 골자였다.

지역별 \ 연도별		2015	2017	2019	2021	백분율 (%)
						단위: 명
동북 아시아	일본	855,725	818,626	824,977	818,865	11.18
	중국	2,585,993	2,548,030	2,461,386	2,350,422	32.09
	소계	3,441,718	3,366,656	3,286,363	3,169,287	43.27
남아시아태평양		510,633	557,791	592,441	489,420	6.68
북미	미국	2,238,989	2,492,252	2,546,982	2,633,777	35.96
	캐나다	224,054	240,942	241,750	237,364	3.24
	소계	2,463,043	2,733,194	2,788,732	2,871,141	39.20
중남미		105,243	106,794	103,617	90,289	1.23
유럽		734,702	739,826	687,059	677,156	9.24
아프리카		11,583	10,853	10,877	9,471	0.13
중동		25,563	24,707	24,498	18,379	0.25

자료: 외교부

[표VI-2] 거주자격별 해외동포 현황

지역별 \ 거주자격별		재외국민				외국국적 (시민권자)	총계
		영주권자	일반 체류자	유학생	계		
총계		1,018,045	1,322,133	171,343	2,511,521	4,813,622	7,325,143
동북 아시아	일본	342,839	78,953	13,082	434,874	383,991	818,865
	중국	8,979	213,822	34,074	256,875	2,093,547	2,350,422
	소계	351,818	292,775	47,156	691,749	2,477,538	3,169,287

거주자격별 / 지역별	재외국민				외국국적 (시민권자)	총계
	영주권자	일반 체류자	유학생	계		
남아시아태평양	94,355	285,457	38,020	417,832	71,588	489,420
북미 미국	434,458	626,005	43,459	1,103,922	1,529,855	2,633,777
북미 캐나다	60,269	19,114	17,357	96,740	140,624	237,364
북미 소계	494,727	645,119	60,816	1,200,622	1,670,479	2,871,141
중남미	41,200	8,910	320	50,430	39,859	90,289
유럽	34,344	65,405	23,497	123,246	553,910	677,156
아프리카	1,470	7,356	500	9,326	145	9,471
중동	131	17,111	1,034	18,276	103	18,379

자료: 외교부

상기 표들에 의하면 2021년도 기준 해외동포 수는 약 732만 명으로 외국국적 동포(시민권자)는 약 480만 명, 재외국민 수는 250만 명으로 구성되고 있다. 추세적으로 볼 때 2017년부터 해외동포 수가 완만한 감소세를 보이고 있지만 전체 인구(51.74백만 명)의 14.1%를 차지하고 있어 유럽의 소국들의 총인구보다 훨씬 더 많은 규모를 보이고 있다. 외교부 「재외동포 현황」(2019년)에 의하면 해외 이민 송출국 순위에서 대한민국은 중국, 이탈리아, 이스라엘, 인도에 이어 제5위의 위치에 있다. 더구나 대한민국에는 다른 국가들과 다른 아픈 이산의 형태가 있는데, 17만 명 이상의 해외 입양아들과 1,000만의 남북 이산가족들[57]이 그것이다. 비록 이산의 형태에 따라 각국의 이산 통계가 달라지겠지만 현실적으로 존재하는 우리 동포들의 총인구 대비 이산 비중은 Diaspora의 원형인 유태인 다음으로 많을 것이다.

한편 [표VI-2]에 나타난 바와 같이 거주자격별로 본 현황은 북미와 일본 중국의 동북 아시아의 시민권자 비율이 각각 58.1%, 78.1%로 높게 나타나 있는데, 중국 동포의 시민권자 비율이 89%, 일본 동포는 46.8%를 보이고 있다.

지역별로 본 해외동포의 분포는 북미가 재미교포라는 이름으로 전체의 39.2%, 중국이 조선족이라는 이름으로 전체의 32.1%, 일본이 재일교포라는 이름으로 11.2%, 구 소련 지역 중앙 아시아(우즈베키스탄, 러시아, 카자흐스탄) 지역이 고려인이라는 이름으로 전체의 5.8%를 차지하고 있다. 가장 특징적인 점은 우리 해외동포의 분포가 한반도를 둘러싼 4대 강국에 집약적으로 분포되어 전체의 88.3%를 차지하고 있다는 점이다.

해외동포를 부르는 호칭이 각기 다른 배경에는 분명치 않지만 해외동포를 규정하는 현지 정부의 시각을 그대로 반영한 것으로 해석될 여지가 있고 결과적으로 한민족 동포의 차별성을 부각한 셈이 된다. 일제 강점기 수많은 애국 지사들이 일제 수탈에 저항하며 해외에 독

---

57 보건복지부 통계에 의하면 1955년부터 2021년까지 64년간 해외 입양아 총수는 16만 9454명인데 1953년 6.25 전쟁 이후 해외 입양 전쟁고아를 포함한다면 비공식 통계 수치는 20만 명으로 추산하고 있다. 한편 대한적십자사, 통일부, 이북5도 위원회가 공동으로 운영하는 2019년도 이산가족 정보통합시스템에 등록된 이산가족 수는 133,365명으로 이들 중 80세 이상이 63.3%를 차지하고 있다. 그러나 통상적으로 남북 이산가족 수를 1,000만으로 추정하는 근거는 해방 전후 및 6.25 전쟁 이후 약 500만 명이 남한으로 이동했다는 점과 다수의 남한 인구가 북한으로 이동했다는 점을 고려해서 추정한 것이다.

립운동 거점을 마련하고자 해외로 이주하였고, 수많은 젊은이들이 강제 징용되거나 성 노예로 끌려가 고국으로 돌아오지 못한 채 기구한 운명으로 한평생 이방인으로 살아왔다. 이러한 해외동포에 대해 우리 모국이 관심과 지원은커녕 민족과 동포의 화합의 대상이 아니라 차별과 부정적인 대상으로 취급하는 것은 마땅한 처사가 아니다.

그들 중에는 사할린에서 중앙 아시아로 강제 이주 당하면서 추위와 굶주림으로 귀중한 생명을 잃은 이들이 부지기수이며 중국에서 문화혁명 당시 단지 조선족이라는 이유로 숙청을 당했으며, 일본에서의 재일교포는 만년 2등국민으로 극심한 차별을 겪고 있다. 이것뿐만 아니라 미주 한인들도 인종 폭동의 여파로 삶의 터전을 잃고 심한 인종 차별의 희생양이 되기도 하였다. 이러 역경 속에서도 해외 이주 한인들은 가난과 차별을 극복하면서 한민족이라는 자긍심으로 언어와 풍습을 이어 가며 모국과의 유대를 이어 가기를 희망하는데 이런 차별적인 용어로 또 다시 부정적인 인식을 심어 주는 것은 매우 부당한 일이 될 것이다.

 ## 3. 해외동포 사회의 재인식

화교 사회가 동남아에 또 하나의 중국을 건설하여 중국과 대만에 큰 유익을 주고 있는 것처럼 세계 도처에 걸쳐 살고 있는 유대인 사회는 미국 속에 굳건한 유대인 사회를 구축하여 국제적 영향력을 발휘하고 있다. 비록 본국 정부의 해외동포 지원정책이 미미한 수준에 있었지만 다행스럽게도 대부분의 우리나라 해외동포들은 아직까지 한민족

남북 경제협력의 새 비전과 과제 : 남한식 헤게모니 모색

전통문화를 잊지 않고 있고, 언어와 풍속 그리고 모국과의 유대 관계를 강하게 느끼고 있다. 이런 7백만 해외동포는 한민족 공동체 사회의 문화적, 경제적 안보적 큰 재산이며 결코 방기해서는 안 될 소중한 민족자산임에 틀림없다.

과거 남북한의 적대 상황에서도 재일 조총련 동포는 북한과 인적 물적 교류를 통해 상호의 유대를 돈독히 하였고 민단 동포들 중 적지 않은 규모로 마산 수출 자유지역 공단에 집단적으로 투자한 실적이 있다. 또한 재중 동포들은 현재까지 북한과의 교역에 상당한 공헌을 하고 있으며 현재에도 남한 사회가 기피하는 공사 현장과 중소기업 영역에 소중한 인력을 제공하여 남한 경제 발전에 공헌하고 있다. 또한, 인천 송도 지역 개발에서 부분적으로 나타났듯이 북미 동포들도 모국의 남북 대치 상황이 호전되거나 더 나은 경제 환경이 조성되면 언제든지 모국 투자에 나설 준비가 되어 있다.

따라서 한반도 긴장완화와 남북 경제 교류에 리더십을 발휘해야 할 남한의 입장에서 향후 남북 경제 교류와 관련하여 그리고 장래에 반드시 이루어야 할 남북 통일과 관련하여 해외동포들이 적극적인 역할을 수행할 수 있는 기회와 공간을 더욱 확대한다면 7백만 대군의 경제 인력과 자원이 모국의 경제 발전, 나아가 남북 평화 통일에 큰 공헌을 할 것이 틀림없다. 아무 연고도 없이 오직 경제적 단기 이익을 노리고 진출하는 해외자본보다는 보다 안정적이고 장기적인 이익이 기대되고 거주지와 모국 간의 빈번한 교류를 통해 지속적인 인적 물적 교통의 증가를 통해 지역과 양국 간 경제, 문화 영역이 더욱 확대될 수 있는 이점이 있는 것이다.

그동안 남한의 역대 정부의 해외동포 정책은 관심을 받지 못하다가 1997년 재외동포재단을 설립하면서 다양한 정책으로 발전했으며, 최근 대통령훈령 제435호에 근거해 기존의 재외동포재단을 해산하고 외교부 산하 재외동포청을 신설(2023년 6월 5일에 출범)한 것은 매우 고무적인 일이다. 향후 재외동포청의 과제들 중에 하나는 자생적으로 생겨난 해외동포 단체들이 현지에서 자체적으로 활발한 활동을 하도록 지원하는 한편 모국의 전체 프로그램으로 통합 발전하는 계기를 마련해야 할 것이며 단순한 해외동포 관리 정책이 아니라 해외 우수한 2~3세 인력 자원을 문화 교육적으로 적극 지원하는 한편 해외동포들 중 우수한 인재를 영입하는 해외동포 이민 전담 부서의 역할도 담당해야 할 것이다.

해외동포를 바라보는 시각은 각 나라마다 특수한 환경과 여건 그리고 정책 입안자들의 정책 선택권에 속하는 것이겠지만 한국의 경우 지금까지 정책 입안자들의 주 관심에서 벗어나 해외동포가 가진 특권적 이점과 잠재적 경쟁력을 소홀히 했다는 점은 지적할 수 있을 것이다. 7백만 해외동포는 4대 강국의 틈바구니 속에서 작지만 강한 나라 내지 새로운 형태의 강국을 지향하는 한국에게 큰 민족 자산이자 엄청난 강점을 발휘할 잠재적 부존자원이다. 이하에서 우리는 우리나라의 경우에 큰 시사점을 줄 수 있는 이웃나라 대만과 중국의 경우를 중심으로 그들이 시행한 주요 해외동포 정책과 그 정책에 호응하여 해외동포들이 어떤 역할을 했는지를 간단히 살펴봄으로써 향후 한국 사회가 지향해야 할 해외동포 정책의 실마리를 살펴보기로 하자.

남북 경제협력의 새 비전과 과제 : 남한식 헤게모니 모색

VII 주요국의 해외동포 정책: 대만과 중국의 화교, 화인 정책을 중심으로

 1. 개황

글로벌 시대 이전부터 스웨덴, 스위스를 포함한 많은 유럽 국가들과 북미와 밀접한 관계에 있는 카리브 국가들은 오래전부터 이중국적 제도를 채택하여 국민의 자유로운 국적 선택권을 보장할 뿐만 아니라 오히려 국익 차원에서 이 제도를 적극 이용하기도 하였다. 수많은 식민지를 가진 프랑스의 경우 재외동포 부서를 독립적으로 운영하고 있으며 국회에서 재외동포를 대변하는 일정한 지분을 보장해 놓고 있다. 또한 도미니카 공화국의 경우 미국 거주 자국민을 현지 영사로 채용하여 보다 적극적으로 해외동포를 활용하고 있는 실정이다.

각 나라마다 자기 실정에 맞게 해외동포 정책을 실시하고 있어 일반화하기는 어렵겠지만 최근 해외동포 정책 측면에서 가장 주목을 받고 있는 나라는 이스라엘과 인도라고 할 수 있다. 기본적으로 이스라엘에는, 1948년 국가 수립 이후 지금까지 유대인이라면 이스라엘 국적 취득에는 아무런 장애가 없다고 할 수 있다. 그러나 해외동포 중에 이스라엘 국적을 취득하는 경우는 매우 드문 경우인데, 그 이유는 그 어느 곳에 거주하든 이스라엘 국적 취득에는 장애가 없으나 국적 취득 시 이스라엘에 거주하지 않더라도 세금부과는 피할 수 없으며 의무 군복무도 피할 수 없기 때문이다.

해외동포 수가 가장 많은 인도의 경우도 2003년 통과된 이중국적법을 개정하여 인도 독립(1947) 이후 인도를 떠난 인도인들과 2대 3대까지 인도 동포로 규정하면서 이중국적을 인정하는 16개국에 거주하는 인도인과 후손에게만 동포의 자격을 인정하였는데 최근 법개정을 통해 확대 적용하고 있는 실정이다.

그러나 이스라엘과 인도의 사례를 우리 나라 동포 정책의 참고자료로 삼기에는 다소 무리가 있다고 생각된다. 왜냐하면 해외 유대인과 이스라엘의 관계는 다른 나라와 다르게 이스라엘이라는 나라가 모국의 위치에 있는 것이 아니라 태생적으로 또한 혈연과 종교 문화적으로 자손의 위치에 있기 때문에 생긴 특수한 경우라고 볼 수 있고, 인도 같은 오랜 식민지 시대를 경험한 다민족, 다문화 국가의 사례는 거대한 나라의 특수한 역사적 경우라고 볼 수 있기 때문이다.

저자의 견해로는 우리나라의 해외동포 정책에 가장 참고할 만한 사례는 이웃 나라 대만과 중국의 화교, 화인 정책이라고 생각된다. 대만과 중국이 해외동포를 두고 서로 경쟁했던 것이나 양자 모두 경제 발전과정에서 일본과 동남아 소재 화교들이 상당한 역할을 했다는 점에서 우리나라 해외동포 정책에 큰 시사점을 줄 수 있기 때문이다. 이하에서 우리는 큰 그림으로 중화경제권 성장과 중국 해외동포의 현황을 살펴보고 이어서 대만의 경우와 중국의 경우를 분리하여 양국이 해외 동포 정책을 두고 자신들의 경제 발전과 어떻게 관련시켜 왔는가를 살펴보기로 하자.

2. 화교 현황과 중화경제권의 성장

일반적으로 화교라고 하는 경우 중국과 대만 이외의 나라에 거주하는 중국계 민족을 지칭하는 말이지만, 민족적 의미와 혈통적 의미를 둘러싸고 중국 내부와 대만, 그리고 통상적 의미로써 외국인들이 상용하는 의미는 서로 차이가 있다. 이를 반영하여 중국인들의 해외거주자들을 부르는 명칭도 다양하여 중국의 해외동포란 의미의 화교 이외에도 화인, 화예(華裔), 화상 등으로 목적에 맞게 구분하여 용어를 세분하여 쓰고 있는 실정이다.

원래 화교는 대만이나 중국 본토의 국적을 보유한 해외거주 중국인들만을 지칭하고 화인은 중국국적을 포기하고 거주국 취득한 중국계를 통칭하는 말이고, 화예란 중국계 혹은 화교의 자손으로 거주국의 국적을 가지고 있는 중국인 자손을 의미하는 것이었는데, 화교와 화인의 구분이 모호하고, 국적 확인이 어려운 점, 이중국적자 문제, 통계상 구분이 불가한 경우, 자손인 경우 몇 세대까지를 포함할 것인가 하는 문제 등으로 인해 현실적으로 정확한 구분이 어렵게 되어 있는 개념이다. 따라서 우리는 논의의 편의상 해외거주 중국계 민족을 현지 국적 취득과 관계없이 포괄적인 의미로 중국 해외동포 혹은 화교로 통일해서 사용하기로 하고 필요한 경우 대만과 중국 본토에서 규정하는 법적 명칭을 구분해서 사용하기로 하겠다.

중국 화교, 화인(이하 통칭 화교)의 역사는 12세기까지 거슬러 올라가야 할 정도로 긴 역사적 과정을 가지고 있기 때문에 일률적으로 화교의 역사와 이주 배경을 살펴보는 것은 우리의 제한적 지면으로는 감당하기 어려운 일이므로 우리는 다만 현재 화교들의 현황을 살펴보고 1970년대 말 이래 중국의 개방정책 실시 이후 이들이 수행한 중화경제권의 성장과 발전에 주목하기로 하겠다.

지금까지 화교 현황에 대하여 국내에 소개된 유력한 자료집[58]에 의하면 화교는 주로 동남에 80% 정도로 밀집되어 있고, 인구수로는 인도네시아, 타이, 말레이시아, 미얀마 순이고 거주국 총인구 대비 화교 비중이 높은 국가들로는 싱가포르, 말레이시아, 브루나이, 타이 순으로 되어 있다고 한다. 화교와 화교의 경제력이 세계적인 관심을 받게된 계기는 중국의 개방과 중국경제의 급속한 경제 발전에 그들의 역할이 두드러졌기 때문이었다. 특히 중국, 홍콩, 대만 등을 포함하는 이른바 중화경제권의 세계경제에로의 부상 과정에 화교의 역할이 절대적인 영향을 주었기 때문에 그만큼 특별한 주목을 받게 된 것이다.

세계 화교 자본의 규모를 추정하기는 매우 어려운 일이지만 화교가 집중되어 있는 동남아에서 인구의 6%, 자산규모는 86%, 소재지국에서 실질 경제 장악력이 70%으로 추정되며, 전세계 주목을 받고 있는

---

58 「화교와 우리의 과제: 화교 네트워크와 우리 기업의 활용 방향」, 『서울 대학교 국제 지역원(자료집)』, 2002.10.16, pp. 5. 이 자료는 화교 통계에 귀중한 정보를 담고 있으나, 일부 통계는 과장되어 있어 주의를 요한다. 예를 들면 1998년 기준 화교의 수가 과장되어 세계 인구의 22.4%라고 나타낸 점, 싱가포르 내 화교수의 비중이 77.9%라든지 하는 점은 사실과 다르다. 다른 관련 통계에 의하면 전세계 인구수에서 화교수가 차지하는 비중은 1% 내외이며, 싱가포르 인구수에서 화교의 비중도 70%를 약간 상회하는 수준이라고 알려져 있다.

중화경제권의 시장 역동성도 사실상 화교 자본이 선도적인 역할을 수행했다는 점을 주목할 필요가 있다.

 ## 3. 대만의 경우

1) 화교 자본 유치

화교 화인 자본이 대만 경제 발전에 미친 효과는 1960년대 이후 대만이 수출 주도 경제 발전을 채택한 이후 두드러지게 나타났다고 볼 수 있다. [표VII-1]에서 볼 수 있듯이 공업화 전략을 취하기 전의 대만 경제는 주로 농업과 어업에 의존하는 1차 산업 의존 국가로 매우 가난한 나라였다. 1949년 중국 공산당과의 내전에 패배한 장제스 정권은 대만에 정착한 후 전통적인 전통산업의 굴레를 벗어나지 못하고 주로 미국 원조에 의존해야 했었다. 그러다가 1960년대에 들어와 당시 해외동포가 주류인 도시인 홍콩과 싱가포르를 방문해 대만에도 자유무역항 설치를 구상하면서 동시에 항구 근처에 수출가공구 건설을 시작하였다.

[표VII-1] 대만의 경제 발전 유형과 시기별 화교 자본의 역할

구분	주요 특징	주요 내용	화교 화인의 역할
제1단계 (1949-1959)	준비기	1차 산업 기반으로 한 미국 원조를 받는 단계	제한적이지만 화교 화인들의 송금과 증여
제2단계 (1960-1980)	수출 주도 공업화: 경공업 수출 단계	수출을 위한 제조업 육성, 가공구 설치 후 전자 섬유 석유 화학제품이 주요 수출품이 됨	수출 주력품에 대한 자본투자, 기술지원 비즈니스 네트워크 제공

제3단계 (1980-2000)	하이테크 산업 제조와 수출	지속적인 제조업 부문 수출 특히 반도체, 컴퓨터 하드웨 어, 텔레커뮤니케니션 등 하 이테크 산업 육성	대만이 하이테크 제조의 글 로벌 리더가 되도록 자본 투 자와 기술 이전 제공
제4단계 (2000-현재)	지식기반 산업 과 서비스 중심	지식 기반 산업으로 전화 노 력, Innovation, entreneur- ship, 서비스 산업, 바이오테 크, 그린 에너지 분야에 주 력함	대만 경제 발전에 지속적인 노력 제공, 신기술 이전, Busi- ness network 제공
			자료: 저자가 수집한 각종 자료를 종합하여 작성

  1960년대 대만이 수출 주도 공업화 전략을 추진하게 된 배경은 제III
장 3절에서 언급한 바와 같이 세계 자본주의체제의 전환과 관련되는
것으로 1960대 대만의 공업화 전략은 이른바 신국제분업체제로 편입
되는 것을 의미하였다. 조립용 전자 부품과 섬유 제품은 서구의 바이
어들이 요구하는 주문자 상표 수출 생산을 담당하는 것으로 이를 위
해 대만은 1961년 "수출가공설치 관리조례"를 제정하고 1966년 가오
슝(高雄)을 시작으로 수출가공구를 설치하게 되었다. 이 수출가공구
는 외국인 투자 유치를 통해 국제무역의 촉진, 선진 기술의 도입, 그리
고 고용증대를 목적으로 한 것으로 주로 화교 화인 및 서구 외국인 자
본을 유치하기 위한 것이었다.

  [표VII-2]에서 보듯이 수출가공구가 설치된 지역은 첫해 가오슝(高
雄) 지역 1개에 불과하던 것이 떠우려우(斗六)까지 4개 지역으로 확장
되어 2020년 현재는 10개의 가공구가 작동 중에 있다.

[표VII-2] 대만의 수출가공구 현황

지역	가공구 명칭	설립 연도	면적 (ha)	업체수 (개)	고용 (명)
가오슝 (高 雄)	가오슝(중따오, 中島)EPZ	1966	72.4	88	16,293
	난쯔(楠 㯭)EPZ	1968	97.8	94	37,646
타이중(臺 中)	타이중(탄쯔 薄子)EPZ	1968	26.2	49	11,017
가오슝(高 雄)	청 꿍(成 功)물류단지	1997	8.4		
	사옥과(小港)공황물류단지	1997	54.5		
	린꽝(臨廣)EPZ	1999	9		
	까오슝S/W과기단지	2000	7.9		
타이중(臺 中)	중꽝(中港)EPZ	1997	177	26	1,238
핑둥(屛 東)	핑둥(屛東)EPZ	2000	123.5		
떠우려우(斗 六)	떠우려우(斗六)EPZ	--	270		
합계	10개		846.7	257	66,194

자료: 經濟部 加工 出口區 管理處(www.epza.gov.tw)

　　대만의 경제 발전의 제2단계에서 수출가공구에서 유치한 화교 및
일본 자본은 전자부품, 섬유 등 경공업 분야를 제조하여 가오슝(高雄)
인근 지역의 고용에 큰 공헌을 했었다. 그 후 대만 경제 발전이 비약적
으로 발전한 것은 1980년대 이후로서 대만은 과거 경공업 위주 수출
형태에서 벗어나 반도체와 컴퓨터 같은 하이테크 산업과 서비스 텔레
콤 같은 첨단 산업 제조 수출 체제로 전환하여 현재 세계 유수의 공업
국으로 변모하여 오늘날에 이르렀다.

　　[표VII-2]의 가오슝(高雄) 수출가공구의 발전에서 볼 수 있듯이
1990년대에 들어와 이 지역의 단지가 확장되면서 물류 단지 S/W 과기
단지 등이 추가되어 서비스, 소프트웨어 산업까지 발전하고 있으며,

동 지역의 유력한 입주 기업인 화교 기업 일월광(日月光)[59] 같은 반도체 제조회사는 세계적인 대기업으로 가오슝(高雄) 지역을 세계가 인정하는 가장 성공적인 수출가공구 모델로 만드는 데 일등 공신의 역할을 수행했다 할 수 있다.

무엇보다 1980년대 이후 오늘날까지 대만의 산업 고도화에 해외 화교 화인 자본이 세운 혁혁한 공헌 중에 대표적인 사례는 1987년에 대만계 미국인 Morris Chang이 설립하여 오늘날 부동의 세계 1위 시스템 반도체 메이커 자리를 고수하고 있는 Taiwan Semiconductor Manufacturing Company(TSMC)를 들 수 있다. 세계 시스템 반도체 생산의 절반 이상을 만드는 이 회사는 오늘날 대만을 세계 하이테크 제품 제조의 리더로 자리매김하는 데 획기적인 공헌을 한 기업이라 할 수 있다.

2) 시기별 화교 정책

대만의 대 화교 화인 정책[60]은 중국 본토보다 앞서 1950년대 초부터 정부 차원으로 관리하였는데, 대만 정부는 정부 조직에 장관급인 교무위원회(僑務委員會)를 설립하여 화교들을 시기별로 체계적으로 관

---

59 Advanced Semiconductor Engineering Inc(ASE)의 대만 명칭은 日月光半導體製造股份有限公司이며, 업종은 반도체 조립, Packaging and Testing을 전문으로 하는 세계굴지의 회사로 한국을 비롯해서 세계각지에 9만 5천 명 이상의 종업원을 가진 다국적 기업이다. 1984년 대만계 싱가포르인, Jason& Richard, Chang이 설립한 이 회사는 본사를 대만 가오슝(高雄)에 두고 있으며, 현재 동종 업계 전세계 시장 점유율이 19%를 점하고 있다.
60 「화교와 우리의 과제: 화교 네트워크와 우리 기업의 활용 방향」, 『서울 대학교 국제 지역원(자료집)』, 2002.10.16, pp. 27-33.

리하였다.

[표VII-3] 대만의 화교 정책 변천

구분	시기	주요 정책 내용	비고
I 제도 정비	1949-1971	법과 제도 정비	EPZ 설치, 제조업 자본 유치
II 대 중국 외교 전략 추진	1972-1980	중국의 UN 가입(1972) 후 외교적 고립 탈피, 화교 포용 정책	외교 공간 확보 치중, 해외 화교 2·3세 대만 유학 지원
III 외교와 경제 혼합 전략 추진	1981-1999	외교와 경제 혼합 정책, 하이테크 유치, 화교 적극적 포용정책	외교 목적과 대외 경제협력 강화: 로비단체 지원, 화교 기업에 대한 금융 지원
IV 중국과 경쟁 심화	2000-현재	양국 WTO 가입(중국 2001, 대만 2002) 후 중국과 대 화교 지원경쟁 치열	세계 화상 네트워크 강화와 세계 화상 경제무역회의 지원
자료: 저자가 수집한 각종 자료를 참고하여 정리하였음			

[표VII-3]에서 볼 수 있듯이 1950년대와 1960년대의 대만의 화교 정책은 조속한 경제 발전에 필요한 자본의 확충이 우선이었고 그중에서도 화교 자본의 유치는 최우선적 위치에 있었다. 따라서 가오슝(高雄) 지역과 타이중(臺中) 중심으로 화교 자본을 유치하고 그에 필요한 법적 제도적 장치를 정비해 나갔다. 그러나, 1972년 중국의 유엔 가입으로 외교적 고립에 빠진 대만 정부는 화교들을 중심으로만 외교 공간 확보에 주력하는 한편 화교 2·3세대의 대만 유학을 지원하여 국제적 고립을 탈피하고자 주 초점을 외교 전략의 차원으로 잠시 전환하고자 노력하였다.

이러한 외교적 노력은 1980년대와 1990년대에 들어와서 재미 화교를 중심으로 로비활동을 강화하는 한편 미국의 하이테크 산업을 대만으로 유치하는 외교와 경제 활동을 함께 병행하는 병진 정책으로 발전하였다. 잘 알려져 있듯이 이 시기에 TSMC 같은 거대 시스템 반도체 칩 메이커 기업이 대만에 육성된 것은 대만의 화교 지원정책의 대표적 결실이었다고 할 수 있다.

이 시기에 특기할 것은 세계 화교 기업들을 금융적으로 지원하기 위해서 대만은 "화교 신용대출 보증기금"을 창설하여 신용대출을 제공함으로써 화교 정책이 금융부문으로 확대되는 보다 적극적인 정책을 실시하였다는 점이다. 물론 이 시기 대만의 무역 흑자 규모가 상당하여 이에 대한 관리가 필요한 것도 사실이었지만 대만 정부가 화교와 화교 자본에 대한 중요도를 높게 인식했다는 점도 추가할 중요한 점이다.

2000년대에 들어와 현재에 이르기까지 대만과 중국은 화교와 화교 자본에 대한 인적 자본과 물적 자본의 중요도를 높이 인식하여 서로 화교를 둘러싼 경쟁이 치열하게 전개하고 있다. 대만 정부는 외교적 목적과 경제적 목적을 동시에 추진하는 외교, 경제 병진 정책을 지속하면서 세계 각지의 친 대만 화교들과 대만에 진출한 화교 기업들을 중심으로 대륙별, 국가별 대만 상인회를 육성하면서 운영자금의 일부를 정부의 교무 위원회가 지원하고 있는 실정이다. 또한 중국이 전 세계 주요국에 설치 운영하고 있는 "공자학원" 정책에 대항하기 위해 화교 교육을 위한 인터넷 교육망을 구축하여 2·3세들을 집중 관리하고 있다. 또한 화교 위성 TV, 2000년 이후 인공위성을 활용한 24시간 방송 서비스를 제공하고 있다.

마지막으로 대만이 후원하거나 주최하는 "세계 화상 경제무역회의"와 친 중국 성향의 "세계화상회의"의 관계에 대해 살펴봄으로써 화교와 화교 자본을 둘러싼 중국과 대만의 경쟁을 살펴보기로 하자. 대만의 정부 조직인 교무 위원회는 1972년 이래 최근까지 화교 관련 연수회를 지속적으로 개최하여 기업관리, 국제무역, 공장관리 등을 주제로 연수원 교육을 실시하다가 1999년 대만 중심의 화상네트워크 구축에 노력하였다.

세상에 널리 알려진 "세계화상대회"는 사실상 대표적 화교 국가인 싱가포르가 주축이 되어 결성된 조직으로 1991년 싱가포르의 이광요 당시 수상의 제안으로 출발하였다. 이 회의 출발은 1990년대 세계경제가 WTO체제 안에서 개방적 지역주의 흐름에 편승하여 EU, NAFTA 등이 지역주의를 표방하고 나서자 이에 대응차원에서 화교 기업인들의 중화민족 경제 협의체로 결성되었다.

이 대회의 목적은 중국과 동남아를 생산기지로 하고 홍콩과 싱가포르를 금융중심지로 하여 북미와 유럽, 대양주를 소비지로 설정하고 전 세계 화교 네트워크를 구축하자는 구상이었는데, 이것이 대만의 입장에서 볼 때 지나치게 중국 친화적인 성격으로 인식되어 본 회의에 불참하고 말았다. 그러나 최근에는 이 회의는 중국이 공무원과 기업 간부 등 대규모 대표단을 파견하면서 회의 규모가 커지자 대만도 소극적이나마 참여하고 있다. 해외 화교 자원과 자본을 두고 이러한 중국과 대만의 경쟁은 인터넷 정보망에도 그대로 반영되고 있으나, 전체적으로 공세적인 중국의 전략에 대만은 수세적 입장에 있는 것으

로 보인다.[61]

요컨대 대만 경제 발전에 화교 자본의 공헌은 초기 단계의 경공업 조립 가공 산업 단계에서는 태국 등 동남아 화교의 중심이 된 소규모 경공업 자본이었다면 1980년대 이후 현재까지는 싱가포르와 미국계 화교 자본이 주축이 된 하이테크 산업을 주축으로 대만 경제에 핵심으로 자리잡고 있다고 볼 수 있는데, 화교의 인적 물적 자원을 두고 대만은 중국에 수세적 입장에서 분투하고 있는 것으로 보인다.

 ## 4. 중국의 경우

중국의 입장에서 보면 대만은 또 하나의 화교가 있는 하나의 성이며 대만과 대만 자본에 대한 인식은 중화경제권의 중요한 축이라고 보고 있는 듯하다. 그런 의미에서 자신만의 화교, 화인의 정의를 분명히 하고 보다 큰 그림으로 화교와 화교 자본을 향한 정책을 펴고 있는 것으로 보인다. 이하에서 중국이 화교, 화인을 규정하는 정의로부터 출발하여 중국이 추진한 화교, 화인 정책을 시기별로 검토하기로 하자.

1) 중국 해외동포의 정의

중국의 해외동포 정책의 기본 방향은 중국이 법으로 규정하는 중국

61　대표적인 것은 대만정부의 "국가정보통신 기본건설계획" 연계와 세계 화교들에 정보를 제공하기 위해 정부 조직인 교무위원회의 GCBN(http://www.gcbn.net)(1998년부터 운영)와 싱가포르가 운영하는 중화총상회의 WCBN가 있고 그 외에도 각 지역의 차이나타운, 총화상회, 혈연 조직인 종친회 등 다양한 네트워크가 있다.

의 해외동포에 관한 법률적 정의[62]에 의해 잘 표현되고 있다. 중국 법에 의하면 중국의 해외동포는 화교, 화인, 귀국 화교, 화교 가족으로 나누어 규정되고 있는데, 화교란 외국에(중국 본토, 홍콩, 마카오 이외) 거주하고 있는 중국 공민을 말하며 화교는 이중국적을 가질 수 없다. 화인은 외국국적을 취득한 중국인이며, 귀국 화교는 중국에 귀국하여 정착한 화교로서 잠시 혹은 단기간 방문자로 귀국한 화교는 제외한다. 화교 가족이라 함은 중국 내에 있는 귀국 화교의 가족, 화교, 귀국 화교의 배우자, 부모 자녀와 그 배우자, 형제자매, 조부모, 외조부모, 손자, 손녀, 외손자, 외손녀, 그리고 화교, 귀국 화교와 오랫동안 부양 관계를 맺고 있는 기타 친족을 말한다.

이상에서 볼 수 있듯이 중국이 법률로 규정하는 해외동포의 개념은 보다 세분된 정의 아래 귀국 화교와 화교 가족에 대한 우대 정책을 염두에 둔 것으로 볼 수 있다.

이들의 권익 내용을 잠시 살펴보면, 화교는 중국의 공민이므로 내국인과 동일한 권익을 가지고 있는 것이고, 화인은 일단 외국인의 신분이므로 외국인으로 간주되지만 귀국 화교와 화교 가족은 별도의 권익을 보장하고 있다. 즉 현재 귀국 화교와 화교 가족은 각 지역의 은행에서 자유로이 외환거래를 할 수 있도록 배려하고 있으며, 화교가 국내 가족에게 외화 송금하는 것을 권장하기 위해 국가는 1980년대부터 국내 화교 가족에게 증여나 부양을 위해 송금된 화교의 외화 송금 일체에 대해 소득세를 면제하고 있으며, 귀국 화교와 화교 가족의 교육 문제에 관해 진학 시 우대 정책으로 그들의 교육권을 특별 관리하고 있다.

---

62 왕싱칭(2005).

2) 중국의 경제 발전과 화교, 화인의 역할

2000년대 초 현재 중국의 화교, 화인의 숫자는 약 3천 3백만으로 집계되며, 세계 151개국으로 분포하고 있는데, 특히 아시아 지역 특히 동남아 지역에 밀집되어 2천 6백만 이상의 규모로 전 세계 화교, 화인의 80%를 차지하고있다. 이들은 아랍인[63], 유대인 그룹과 더불어 세계 3대 금융 세력의 한 축을 담당하고 있다는 점에서 특별히 주목받을 위치에 있다.[64]

한편 중국의 경제 발전에 해외 화교, 화인의 역할을 시대별로 대별하여 본다면 [표VII-4]로 정리할 수 있다.

---

63 이슬람 금융은 Quaran(성전)과 Sunnah(성전에 언급 없는 부분을 성전에 근거해 세운 생활 규범)를 양대 축으로 하는 Shariah(이슬람 교도들의 총 생활 규범)를 준수하는 금융으로 은행업, 증권 거래, 보험 거래 등에 적용되고 있다. 기본적으로 이슬람 사회에서는 돈은 가치 저장 수단에 불과하며 가치 증식은 오로지 상업 활동과 생산 활동에 의해서 이루어져야 하고 대출 업무와 대출 이자는 허용되지 않는다. 따라서 이 사회에서 금융은 산업으로 발전하기 어려운 여건이다. 그러나, 1970년대 오일 Money가 엄청난 규모로 쌓이게 되자 이슬람 금융이 급성장하게 되었다. 이슬람 국가들은 형편에 맞게 다양한 무이자 상업은행을 세워 다양한 금융 상품을 개발 운용하는 한편 기존의 세계 금융기구기관들과 상호 연합체로 국제 금융 부문을 확대하였다. 동시에 이슬람제국회의기구(OIC: Organization of the Islamic Conference)산하 이슬람개발은행(Islamic Development Bank)을 세워 회원국들의 사회경제 개발을 돕고 있다. 현재 이슬람 금융의 규모는 국제 금융시장의 핵심이 될 정도의 규모로서 유럽과 북미 등에서 주택 융자, Sukuk(이슬람채권), 주식, 투자신탁, 부동산펀드, 파생 상품 등 다양한 금융 상품을 운용하고 있다. 유의할 점은 이슬람 금융제도는 각 나라마다 운용 상품과 운영 기준이 각각 다르다는 점이다. 예를 들면 말레이시아에서는 일반 은행 창구에 이슬람창구업무(Islamic Window Operation)를 운영하여 자국 특유의 이슬람 금융업을 전개한다고 한다. 따라서 말레이시아에 있는 화교들은 이 제도를 잘 활용하고 있으며 이들은 수많은 이슬람 국가들을 아우르는 중국의 일대 일로 사업 확장에 큰 도움을 줄 수 있다.

64 양평청(2005).

[표VII-4] 중국의 경제 발전과 화교, 화인의 역할

구분	시기	주요 내용	비고
I 준비기	1949-1977	중화인민공화국 건립 후 정치와 이념 차이로 해외 화교들 과의 연대 미약	관광과 경공업 같은 제한된 부문에서 소규모 합작이 이루어짐
II 개혁과 개방시기	1978-2000	1978년을 기점으로 중국의 개방 정책 실시, 화교 자본 적극 유치로 국제무역과 투자가 급증	화교, 화인 정책은 화인 정책 중심으로 전환, 동남아 화교 자본 특히 홍콩과 대만의 경제 특구에 대규모 투자
III 글로벌 시대	2001-현재	중국의 WTO 가입 후, 중국경제 세계 자본주의체제로 본격 편입	화교 자본과 인력이 중국경제의 글로벌화에 선도적 역할, 현재 중국몽과 일대 일로 전략에 크게 기여

자료: 저자의 기준으로 작성

1949년 중화인민공화국으로 다시 태어난 중국은 공산체제하의 엄격한 대외 거래 때문에 해외 화교 화인과의 관계가 거의 이루어지지 못하고 기껏해야 대만과 사실상 연결되는 홍콩의 중계무역과 관광 산업 등에서 소규모 합작의 형태로 화교 자본과 연결되는 정도였다.

그 후 두 번째 시기에 들어와 중국의 개혁 개방정책이 실시되자 이들이 선두 그룹이 되어 친척 방문과 관광과 투자의 형태로 인적 교류와 자본 진출이 이루어졌다. 이때, 중국의 대 화교 정책의 획기적인 전환을 모색한 시기는 1978년으로 중국은 1978년 12월 중국 공산당 제11차 대표대회 제3차 중앙 위원회 결의에 의해 "개혁 개방 신시기"를 공식선언하고 본격적인 개방화 정책을 실시했던 것이다. 1978년을 분

기점으로 하여 그 이전과 이후로 나뉘는 것은 종전의 정책이 주로 1세대 화교를 중심으로 하는 정책이었다면 그 이후는 현지에서 고등 교육을 잘 받은 2~3세 화교를 주 대상으로 하여 정확하게는 화인 중심 정책으로 전환하였다는 점이 될 것이다.

이 시기 중국 정부가 취한 구체적 조치를 보면 1978년 국무원 산하 화교 사무실을 설립하고 종전의 화교 업무를 확장하여 화인 업무까지 확장하고 개별 성(城), 시, 자치구에서 현에 이르기까지 화교, 화인 업무를 담당하는 전담 책임자를 배치하고 상호 간 협의를 정례화 혹은 부정기적으로 연석 회의를 통해 업무를 효율화하는 한편, 사실상의 외국인인 화인들의 합법적인 권익을 보호하기 위해 제도와 법을 보완 정비하였다고 한다.[65]

이어 1979년에는 전국 인민 대표회의(전인대)가 "중화인민공화국 중외 합자 기업법"을 제정하여 화교 화인들의 중국 진출 직접 투자를 유인하는 정책을 신설하였다. 이를 배경으로 당시 화교, 화인이 처음 진출한 분야는 주로 노동집약 가공업 분야인 의류, 완구 등을 중심으로 주로 광둥성(廣東省)을 포함 남동 연안 지역에 집중적으로 투자하였고 그 규모는 소규모 투자였으나 이 시기의 말기에 대기업들도 점차 중국 대륙에 직접 투자를 개시하고 있다. 대기업 수준으로 중국에 최초 투자한 기업이 바로 유명한 태국에 본사를 둔 중국 해외동포 기업인 "정다 그룹"(正大集团, C.P. Group)이었다. 이 기업은 1979년 중국 선전에 진출, 중국 최초의 대규모 외국인 직접 투자 기업으로 기록되었으며 현재 중국 전역에 200개가 넘는 회사를 설립하고 투자액만

---

65 치펑페이(2005).

남북 경제협력의 새 비전과 과제 : 남한식 헤게모니 모색

50억 달러 직원수만도 8만에 이르며 연간 매출액 규모도 인민폐로 약 300억에 달하고 있다.[66]

[표VII-5] 중국에 직접 투자한 외자에서 화교 자본의 비중(1979-1997년)

					단위: %
구분	1979-1994	1994	1995	1996	1997
외자 총계	100	100	100	100	100
해외 화교 자본 합계	69.64	75.30	70	66.85	64.20
홍콩, 마카오, 대만 자본	64.61	69.80	63.10	59.30	57.70
출처: 張秀明(2008).					

[표VII-5]에서 확인할 수 있듯이 1979에서 1997년까지 중국에 도입된 외자 가운데 화교 자본 비중은 시기별로 감소하고 있기는 하지만 64% 이상을 점하고 있고, 그중에서도 홍콩, 마카오, 대만 자본이 거의 60%의 비중을 차지하고 있다. 결국 중국 경제의 급속한 경제 발전의 배후에는 화교 자본, 그중에도 홍콩과 대만 자본의 중국 본토 직접 투자에 의해 견인되었음을 잘 알 수 있다.

이 시기에 특기할 점은 중국 본토에 진출한 화교 인력들에 의하여 당시 중국이 필요로 했던 직접 투자로 인한 고용, 기술 등의 직접적인 효과 이외에도, 이들이 중국 본토 기업들에게 선진 생산체제와 경영 기법을 전수하고 시장경제에 부수된 경영 이념과 경영 모델을 제시한 점이었다. 즉 중국의 시장개방은 단순한 해외 직접 투자를 유치하는

---

66 태국 이외에 중국에 진출한 다른 중요 기업들로는 싱가포르 화교기업으로 OCBC은행, 펑룽 그룹, 윌마인터내셔날이 있으며, 말레이시아 화교 기업인 라이온 그룹, 자리 그룹, 인도네시아의 시나르마스 그룹 등이 있다(매일경제 2014.7.16).

수준이 아니라 시장경제 운영과 관리를 배우는 기회가 되어 이것을 시작으로 하여 동남쪽 연안 지역인 광둥성(廣東省), 푸젠성(福建省) 지역을 넘어 중국 전역의 경제 발전의 원동력이자 시발점으로 만들었다고 평가된다.

뿐만 아니라 중국에 진출한 많은 외자 기업 혹은 중외 합자 회사 중에는 수많은 화교 출신 직원이 채용되어 대리인, 혹은 관리직원으로 기능하면서 개혁 개방의 주역을 담당하면서 자신도 모르게 과거 폐쇄된 중국의 이미지를 극복하고 외국 기업과 중국 정부의 가교 역할을 담당하여 원활한 경제 합작을 추진하고 쇄신하는 개혁과 개방의 전도사 역할을 수행했던 것이다.

이러한 화교, 화인들의 역할은 1990년부터 중국으로 들어온 화인들의 역할에서 두드러지게 나타났다. 1990년대 중국은 "중국식 사회주의 시장경제 건설"이라는 국가 건설 목표를 분명히 하면서 해외동포들의 대 중국 투자와 기타 해외 자본의 투자를 유치하고자 노력하였다. 저임금과 엄청난 국내 시장의 잠재력을 믿고 이른바 중국 러시가 이루어진 이 시기는 중국으로 들어오는 외국인 투자 기업의 업종도 다양화되고 규모도 대규모였는데, 이 시기에 1980년대 수많은 해외 유학파들이 학업을 마치고 귀국하는 시기와 맞물려 이들은 해외 화교, 화인의 직접 투자를 돕고 적극적으로 선진 경영기법과 선진 기술과 현장 경험과 기술을 현지에 정착시키는 한편 그들이 직접 창업을 시도함으로써 신세대 화교, 화인의 경제주체가 되었다.

이들 신세대 화교, 화인의 현황을 살펴보면 1978년 이후 2020년까지 해외 유학생이 약 58만 명으로 100여 개국에 진출하였고 그중에서

남북 경제협력의 새 비전과 과제 : 남한식 헤게모니 모색

27만 명이 대학을 졸업했으며 15만 명이 유학 후 귀국하였고 나머지는 화인이 되었다. 현재 미국에는 약 45만 명의 신세대 화교, 화인이 존재하고 있고 그중에서 3만의 일류 전문 그룹 인재로 있다고 한다.[67]

이들 신세대 화교, 화인의 특징으로는 창업정신과 선진 경영기법을 가진 자 혹은 그리고 일류 과학기술자들로 구성되어 있으며, 이들은 애국주의로 무장한 채 조국 근대화에 애정이 강하다. 이들은 중국 내 창업을 주도하거나 중개 업무 서비스 다국적 기업과 관련된 상호 협력 체계 구축, 최신의 국제 과학기술을 도입하는 데 중요한 역할을 하면서 중국의 경제 발전을 견인한다고 알려져 있다. 그동안 이들이 주도가 되어 중국의 IT 산업, 생약업, 신소재, 환경 산업, 교육, 의료, 금융, 보험, 서비스, 부동산 개발 등 실로 중국 경제 산업발전의 선봉이자 중국 해외투자 유입의 동반자 안내자 혹은 교량적 역할을 수행한 것이다.

이들의 이러한 산업적 공헌뿐만 아니라 이들의 노력에 힘입어 "아세안 자유무역지대" 창설도 성공함으로써 아시안과 중국을 권역으로 연결하는 지역적 연계에 성공을 이룩한 점은 눈여겨볼 만한 사건이다. 실질적으로 아세안 상인과 중국 상인의 연합 내지 협업이 가능한 화교, 화인의 밀집 지역인 아세안 국가가 중국에 합작의 형태로 투자한 금액은 58억 달러로 전체 외자 투자의 7.1%를 차지하는 엄청난 규모이다.[68]

마지막으로 2001년부터 현재에 이르기까지 이른바 글로벌 시기에

---

67 왕평청(2005), 앞의 글, pp. 25-26.
68 왕평청(2005), 앞의 글, pp. 25-26.

나타난 중국과 화교의 관계를 살펴보기로 하자. 이 시기는 중국과 화교의 경제협력과 조직적 발전이 본격적으로 이루어져서 동남아 지역을 중심으로 거대한 화교, 화상 조직과 화교 네트워크가 새롭게 구축되었다. 그중에 대표적인 사례는 세계화상대회(世界華商大會)로서 1991년 최초 창립 대회 당시부터 1990년대까지 참가국 20~30개국으로부터 참석 인원이 800명에서 1,500명 정도의 규모였으나 제6차 대회인 2001년에는 참가국이 70개국으로부터 무려 5,000명이 참가하는 대규모 국제행사가 되었다. 새로운 세기에 화인 기업들과 중국의 공동번영을 추구하려는 중국 정부 당국의 적극적인 배려가 결실을 맺은 것이다.

이 시기 결정적인 계기는 2001년 중국의 WTO에 가입하여 정식 회원국이 된 것이었다. 이것을 계기로 중국은 자본주의 학습 기간을 끝내고 본격적으로 세계 자본주의체제의 일원이 되었는데, 이 과정에서 화교 자본과 인력은 중국경제의 글로벌화에 선도적인 역할을 담당하였으며, 점차 제조업 수출 중심의 세계의 하청공장 이미지에서 탈피하여 신산업이라 할 수 있는 이동통신과 인공지능, 산업 로봇, 전기 자동차 분야 등 고부가가치 첨단산업화와 스마트 공장체제로 이행하려고 노력하였다. 이미 언급한 바 있는 귀국 화교와 화인 혹은 해외 유학파들이 중국 개방의 상징 도시인 선전지구에 모여들어 세계적으로 보기 드문 대규모 창업단지를 만들어 미래의 실리콘 밸리를 꿈꾸고 있는 실정이다.

중국은 2012년 시진핑체제 중국 공산당의 정치 지도 이념으로 "중국몽(Chinese Dream)"을 주창하여 대외적으로 경쟁력을 제고하여 국제

남북 경제협력의 새 비전과 과제 : 남한식 헤게모니 모색

정치적 입지를 개선하고 대내적으로 각 민족 문화 진흥과 인민 행복 증진을 목표로 하였다. 2013년 시진핑은 유명한 "일대 일로(One Belt, One Road Initiative)"라는 거창한 국제 전략을 내세워 아시아를 너머 중앙 아시아 유럽과 아프리카로 연결되는 육상 해상 실크로드를 주창하였는데 이것은 이미 경제 대국으로의 중국의 대 세계 국가 전략이자, 미국 중심의 세계 헤게모니에 대응하는 패권국가 선언과도 같은 것이었다.

이 사업은 62개국을 망라하는 추진 기간 150년의 장기 대외 국책 사업이다. 또한, 중국은 중국의 꿈을 실현하기 위해 문화 문명 강국으로 중국의 이미지를 제고하는 정책의 하나로 화교 화인들의 자긍심과 권익 향상, 화교 화인들 간의 경제협력과 유대를 강화하고 이를 바탕으로 공공 외교의 증진으로 상향시키고자 노력하는 것으로 보인다. 이러한 문화 정책의 일환으로 중국은 화교 화인들에 대한 언어와 문화 교육뿐만 아니라 초강대국 이미지 제고를 통한 소프트 파워를 세계에 전파할 목적으로 전 세계를 상대로 공자학교(공자학원과 공자과당을 포함)를 운영 중이다.

[표VII-6] 공자학교를 설치한 주요 7개국 현황

국가	미국	영국	호주	이탈리아	캐나다	한국	타이
설치 수★	458	115	47	31	31	23	23
★ 대학 내 설치된 공자학원(중국어 언어전공 학과)과 초중등 과정의 孔子 課堂을 포함한 숫자임							
출처: 중앙일보 2014.6.20							

그러나 이러한 대규모 공자학교의 운영은 운영과정과 내용이 매우

공세적이고 중국 공산당의 애국주의에 경도되어 운영되기 때문에 캐나다와 호주, 미국 등에서 거센 반발에 직면하고 있으며 문화 충돌을 초래하고 있고, 일대 일로 사업으로 추진된 개도국 인프라 제공 프로젝트도 개도국에게 재정 파탄은 물론 과도한 국가 부채를 옭아매게 함으로써 반중 정서를 고조시키고 있는 중이다. 2017년 이미 절대 빈곤 국가에서 탈피한 중국은 개도국을 상대로 인프라 구축, 무역 금융 문화 교류를 추진하는 일종의 공공재 공급 시도와 소프트 파워 제공을 통해 헤게모니 구축을 노린 것으로 볼 수 있는데, 오히려 반중 정서를 확산시킨 결과를 초래한 것으로 보인다.

이러한 중국의 패권주의 내지 미국 중심의 헤게모니 도전은 2018년 미국의 트럼프 정부의 등장으로 본격적인 미-중 무역 전쟁이 개시되는 결과로 나타났고 남중국해 영유권 문제 센카쿠와 방공 식별 문제, 하나의 중국 정책으로 대만에게 무력 시위 등으로 인해 서구의 중국 위협론이 세력을 얻어 가는 추세에 있다.

중국 내부에도 개방 정책의 후유증으로 문제가 커지고 있다. 동부 연안 지역의 소득과 중국 내륙 지역의 소득 격차가 날로 벌어지고 있으며 같은 지역 안에서도 빈부의 격차가 날로 심화되고 있다. 이른바 농민공들은 거주 이전의 자유가 없어 이산가족의 아픔을 겪고 있고 열악한 작업 환경, 지독한 공해에 고통받고 있다.

무엇보다 중국의 미래에 걸림돌이 되는 것은 거대한 중국 인민의 다양한 욕구를 공산당 일당독재의 정치적 역량으로 감당할 수 없다는 점이다. 일반적으로 시장이 개방되고 소득이 높아지면 욕구도 다양해지고 세금을 많이 납부하는 만큼 인민의 권리 요구도 높아지게 마련이다. 따라서 자본주의 발전은 민주화를 거스를 수가 없는 것은 역사의 법칙이고 이것이 서구 자본주의의 일반 현상이었으며 가까이 한국과 대만이 이룩한 정치 민주화의 길이었다. 중국이 예외가 될 것이라는 것은 중국 공산당의 지나친 과신이며 머지않은 장래에 중국 공산당은 정치 민주화, 지방 분권의 욕구, 엄청난 소득격차 해소 등의 도전을 피할 수 없을 것이다. 이미 세계체제의 중요한 부분을 담당하고 있는 중국의 내부적 문제와 갈등은 곧 세계체제의 전체 변동으로 연결될 것은 분명하다 할 것이다.

 ## 5. 남한에 주는 시사점

오랜 역사를 지닌 화교 화인들은 모국 중국과 대만에 송금과 기부 등을 통해 오랫동안 경제적 기여를 해 왔으나, 1978년 12월 11기 3중전회를 통해 중국의 최고 실력자 덩샤오핑(鄧小平)이 중국의 개혁 개방을 선언한 후 본격적인 화교, 화인들의 중국에 대한 경제적 기여도가 두드러지게 되었다. 즉 중국의 제도와 법이 정비되고 외국인 전용 경제 특구가 설치되자 제일 먼저 중국 개방 정책에 호응한 그룹이 동남아 화교 자본이었다.

동남아 지역의 화교들은 지리적으로 그리고 문화적으로 친숙한 선전 지역의 경제 특구를 시작으로 외국인 직접 투자를 선도한 것은 중국 정부가 화교 자본을 적극적으로 유치하기 위해 다른 외국인 기업들보다 많은 우대 조치를 취한 것에도 영향을 받은 것도 사실이지만, 화교와 중국 간의 성공적인 관계가 이룩된 것은 무엇보다 화교권 국가와 중국 간의 경제적 상호 보완성, 그리고 언어와 문화의 동질성 요인들이 중요한 역할을 하였다고 볼 수 있다.

먼저 중국과 화교 관계에서 상호 보완성에 대해 살펴본다면 홍콩과 대만 자본은 중국과 가장 밀접한 보완 관계에 있었다고 볼 수 있다. 홍콩은 1997년 본국 반환과 더불어 기존의 경제체제를 용인하는 이른바 일국양제(一國兩制))체제 아래서 당분간 자본주의체제를 유지하는 가운데 종전까지 누리던 아시아 금융센터와 중계무역센터의 기능을 유지하기를 원했고 중국은 개방체제 안에서 중국식 자본주의를 배우고 익히는 학습의 요람이자 동남아 화교 자본을 중국으로 유입하는 외자의 창으로 이용하고자 하였다. 특히 홍콩은 중국이 취약한 국제 금융기법과 인프라를 잘 갖추고 있었기 때문에 중국과 특별행정자치구인 홍콩은 서로 보완적으로 서로가 꼭 필요한 위치에서 출발하여 현재는 점차 중국 경제사회에 통합되는 과정에 있게 되었다고 볼 수 있다.

그러나 대만의 경우 국제법상으로 역사적으로 홍콩과는 다른 환경에서 중국과의 경제적 교류가 이루어졌다. 실질적인 독립된 국가인 대만은 중국과 정치적, 이념적으로 대립 관계에 있기 때문에 1970년대까지 중국과의 경제사회 교류는 거의 단절된 채 남한 정부와 같이 철저한 반공 국가로 남아 중국과의 거래는 직접 이루어지지 못하고 홍콩을 매개로 한 간접무역이 고작이었다.

그러나 1980년대 들어 대만은 일련의 민주화 운동이 전개되고 국민당 치하 약 40년간 지속되었던 계엄령이 해제되고 야당인 민진당의 약진으로 일련의 민주화가 진행되어 그동안 중국 봉쇄 전략의 빗장을 풀고 조금씩 중국과의 경제 교류를 모색하게 되었다.

무엇보다 이 시기에 대만의 주요 현안은 지속적인 대미 흑자로 인해 미국의 대만통화 평가 절상의 압력에 대응하는 것이었다. 결국 대만 당국은 미국의 압력에 굴복하여 40% 절상을 단행하고 일부 외환통제를 완화하게 되는데, 이것은 곧 이로 인한 대만 내부 산업 정책과 무역 정책에 있어서 일대 전환의 필요성이 제기되는 것을 의미하였다.

대만이 선택한 전략은 하락한 대만의 국제 경쟁력을 회복하는 동시에 당시에 중국 시장을 두고 각국이 펼치는 경쟁구도에 뒤쳐지지 않기 위해 그동안 금기시했던 정책을 버리고 적극적인 중국 진출로 방향전환을 하는 것이었다. 또한, 이시기 종전에 홍콩을 통한 간접무역 형태도 홍콩과 중국의 경제 긴밀화 협정(CEPA)의 체결과 후속 조치의 여파로 홍콩을 중계무역센터로 이용하던 대만의 입지는 좁아지게 되어 있었다. 결국 대만은 그간 동안 경원시해 왔던 대 중국과 경제교류를 개시하여 경제협력 기본협정(ECFA)으로 중국과 경제 교류를 긴밀하게 되었다.

중국의 입장에서 볼 때 대만은 일종의 일국양제를 용인하는 지방 정부에 불과하여 그 결과 정치 군사적으로 긴장을 유지하며 대만 봉쇄 작전은 계속하지만, 대만이 가진 하이테크 산업, 서비스 산업, 기술력이 탄탄한 중소기업을 유치하고 그들의 노하우를 배울 수 있기 때문에 대만 기업 유치가 매우 필요한 입장이고 홍콩에 적용했던 방식으로 대만 기업도 화교 화인 지위를 부여하여 푸젠성(福建省)에 2개의 경제 특구를 지정하여 대만에 세제 혜택을 허락하였다.

종합하여 본다면 화교 자본은 중국의 개방정책에 가장 적극적으로 직접 투자로 호응하면서 동시에 중국 정부로 하여금 실질적으로 개방 체제에 알맞은 법률과 제도를 구축하도록 인력 자원과 인프라 전체를 교육시킨 선도적 역할을 담당하였고, 이것이 오늘날 중국이 세계 제2 대 강국으로 등장하는 데 많은 공헌을 한 셈이다.

중국의 개방정책은 경제특구를 통한 외자 도입과 해외수출을 통한 경제 발전 전략으로 대만과 한국의 수출 주도 공업화 전략에 많은 참 고를 했을 것으로 추정된다. 잘 알려져 있듯이 양국의 경제 발전 전략 에는 많은 차이가 있지만 대만과 한국의 공통점은 수출 주도 공업화 전략을 추진하여 세계 공업사에서 전례가 없는 빠른 속도로 공업화 에 성공한 나라라는 점에서 많은 발전 도상국들의 경제 개발 모델이 되기에 충분하였다. 대만은 일찍이 화교 자본과 일본 자본을 유치하 고자 가오슝(高雄) 지역을 포함한 4대 지역에 많은 수출가공구를 설 치했으며 이어 남한도 구로공단(한국 수출산업공단 제1단지)을 선두 로 마산, 이리 수출자유지역 혹은 전국의 공업단지 결성을 통해 재일 교포 자본과 일본 중소기업 자본을 유입하는 한편 과감한 수출 주도 경제 성장을 추진하여 성공적인 공업화를 이루었던 점을 중국이 많이 참고했을 것으로 추정된다.

다음으로 화교들과 중국과의 관계에서 성공적인 결과를 가져온 것 은 화교는 문화와 언어의 동질성 부분에서 다른 투자자들보다는 절대 적인 우위에 있었기 때문이다. 그들은 중국 문화 이해도와 언어 소통 면에서 불편을 느끼지 않았으며, 중국 대륙이 가진 거대한 내부 시장 에 대한 구체적 이해가 그 누구보다 높았다고 할 수 있다.

특히 화교 사회의 특징이라 할 수 있는 혈연, 지연, 業緣(업연)을 기초로 각 지역별로 연고를 최우선으로 하는 화교 특유의 유대 관계는 중국 본토 진출에 큰 장점으로 작용하였으며 중국 진출을 앞둔 다른 외국인 투자 자본들도 이런 화교 자원을 다양한 형태로 이용하는 것은 당연한 것이었다. 같은 맥락으로 자본주의체제에 미숙했던 중국 당국에게도 이러한 화교 인력과 자본은 매우 긴요한 입장이었다.

이상과 같은 중국과 대만의 사례는 향후 남한의 대 북한 경제협력 전략에도 큰 의의를 지니고 있다. 즉 7백만 해외동포는 향후 남북한 경제협력과 교류에 가장 효과적인 조력자 내지 브로커 역할을 담당할 수 있는 것이다. 무엇보다 북한이 가진 남한 콤플렉스를 완화시키는 측면에서 해외교포는 가장 효율적인 그룹이다. 더구나 미·일·중·러 4대 초강국에 골고루 포진해 있는 해외동포가 가진 자본과 기술과 인력 그 자체는 남한과 체제 경쟁에 예민한 북한이 가장 부담 없이 대할 수 있는 귀한 자산이 될 것이다.

현재 누적된 체제 경쟁과 반목에서 남북한은 쉽게 벗어날 수 없기 때문에, 향후 북한의 개방은 중국과 마찬가지로 일정한 지역에 경제 특구(혹은 수출자유지역) 설치로부터 시작할 것인데, 여기에 중국과 대만의 경우를 적용하여 우선적으로 해외동포 자본에 특혜를 제공하는 것이 필요할 것이다. 동시에 남한 정부는 생색내기에 불과한 해외동포 정책을 수정하여 적극적으로 해외동포 인력과 자본 육성에 나서서 적극적으로 남북 관계 개선에 활용할 필요가 있다.

이를 위해 단기적으로 직제를 개편하여 해외 교민청을 혁신하는 노력을 포함하여 장기적으로는 해외 교민부로 확대 개편하여 장관급 직책을 신설하고 전세계 한민족 자원과 인력을 네트워크 할 필요가 있다. 또한 해외동포 사회는 자체적인 노력을 통하여 아직 활성화되지 못하고 있는 남한 중심의 "세계한상대회"를 개편하고 순수한 해외동포 주체로 전환하거나 다른 이름으로 창립하여 해외동포를 군건한 네트워크로 재조직하는 것이 필요할 것이다. 정치적으로 남한과 북한의 그 어느 편도 아닌 중립적 입장이 확인되고 오로지 경제적으로 서로에게 이익이 되는 영역이 인식된다면 북한의 경제 특구 지정을 통한 개방은 더 빨리 일어날 수 있을 것이다.

VIII 남한의 해외동포 정책 조정과 대 북한 공공재 공급 방향

 1. 기본 전제

큰 그림으로 볼 때 남북한의 분단구조와 그 극복의 문제는 전혀 생경한 것이 아니고 과거 신라와 가야 간 분단과 통일, 고구려 백제 신라의 삼국체제의 신라 중심 통일, 후삼국과 고려의 분단과 고려의 통일 등에서 보듯이 한반도 역사에서 분단과 통일의 역사는 간헐적으로 늘 일어나는 문제이고 이것은 어느 나라든지 흔하게 볼 수 있는 현상일 것이다. 또한 외세 의존형 통일이거나 자체 역량으로 통일을 이루거나 관계없이 통일 과정에는 무수한 내부 자체의 문제와 대소 간에 외세의 직간접 영향을 고려하거나 받게 되는 것도 당연한 것일 것이다.

중요한 점은 역사의 긴 안목으로 볼 때 남북한 통일은 언젠가는 이루어질 필연적이라는 점이다. 왜냐하면 무엇보다 통일에 대한 남북한 국민들의 절대 다수의 명백한 지지가 그 바탕이며, 같은 역사와 전통,

언어와 문화를 공유하고 차이가 나는 점이라면 위정자들이 만들어 낸 이념과 정치 그리고 그들이 권력 유지를 위해 사용하는 무력 행사의 위험이 분단구조를 고착시키고 있을 뿐이기 때문이다.

우리가 초점을 두는 경제적 관점에서 남북 관계를 구체화하기 전에 대전제로 두고 싶은 점은 남한의 대 북한 헤게모니와 남북한 공동체 발전 형태를 가로막는 외세에 대해 기본 인식을 어떻게 하느냐 하는 문제를 명확히 하는 일이다.

역사적으로 그리고 지정학적 입장에서 한반도는 필연적으로 외세의 영향력을 받지 않을 수는 없겠지만 그것을 인식하는 기본 방향과 인식 정도에 따라 외세에 대한 대책은 달라질 수밖에 없을 것이다. 외세의 고려와 민족 내부 역량 중 어느 쪽이 중요하느냐 하는 문제를 두고 혹자는 외세를 고려할 수밖에 없는 한반도 정세와 남북 내부의 경제 공동체 문제는 그 어느 것도 떼어 놓을 수 없이 중요함으로 똑같은 비중으로 고려해야 한다는 절충론을 내세울 수 있겠지만 저자는 그것에 동의하지 않는다. 왜냐하면 질문은 택일적인 것을 요구했기 때문이고 질문 중에 양자가 모두 중요하다는 것을 이미 알고 있지만 꼭 선택한다면 어느 쪽이냐를 물었기 때문이다.

이하에서 저자의 기본 시각은 남북한의 내부 역량 발현을 기초로 한 뒤에 외세를 부수적 요건으로 두고 싶다. 단적으로 말해 앞으로의 남북한 경제협력과 공동체 결성의 길에 외세를 기본 제약 조건으로 두고 그것을 전제로 논의를 진행하는 것은 현실적으로 맞지 않고 내부 분열만 부추길 뿐이다. 남북한 내부 문제를 자기 나라 문제인 양 선심을 쓰는 나라는 지구상 어디에도 없을 것이다. 이점을 염두에 두고 우

남북 경제협력의 새 비전과 과제 : 남한식 헤게모니 모색

리는 외세 고려 문제는 2차적 문제로 미루고 남북한 내부 역량 문제에 집중하여 남북한 경제 공동체 문제를 논의하고자 한다.

두 번째 전제로 삼고 싶은 것은 외세의 영향력 서열과 관련된 것이다. 현실적으로 볼 때 한 반도의 외세의 서열은 미국이 정점에 있고 중국, 일본 그리고 마지막으로 러시아 순으로 되어 있는데, 해방 이후 남북한 모두 미국이라는 초강대국을 상대로 한쪽은 최혜국 대우를 다른 쪽은 최악의 적성국으로 대하여 적대적 분단구조를 유지하고 있다. 따라서 현재 미국은 민족 내부 해결을 위한 남북 간의 협상에 가장 제약을 제공하는 국가이다.

외세로서 중국은 가장 다루기 힘든 위험세력으로서 남북한에 직접적으로 영향력을 행사할 수 있는 위치에 있는 점에서 미국과 함께 남북 관계를 자국 이해 관철의 계기로 삼는 입장을 가장 강하게 견지한 세력이다.

일본과 러시아는 남북한의 공동체 연대와 그 발전에 큰 영향력을 미칠 수 있는 위치에 있지는 않지만 어느정도 자신의 이해가 일치하는 선에서 타협이 가능한 세력이라 생각할 수 있을 것이다.

세 번째 전제는 남한의 대 북한 헤게모니에 관한 것이다. 현재 북한의 역량과 북한의 동맹인 중국의 상황을 고려할 때 지난 6.25 전쟁과 같은 북한의 남침이 다시 재발할 가능성은 극히 희박하다. 북한은 이미 남한 적화 통일의 구호가 사라졌고 대미 정상외교 등 협상을 통한 정상국가 지향과 북한 경제 부흥에 초점을 맞추고 있으며, 중국은 현재 치열하게 진행되고 있는 대만 문제와 미국과의 헤게모니에 전력하고 있는 실정이기 때문이다. 또한 미국과 러시아, 일본을 포함하는 세계 4대 강국들의 한반도 영향력은 그 어느 쪽도 남북한 한쪽에 치명적인 헤게모니를 발휘할 만한 위치에 있지 않다는 것이 저자의 견해이다.

이미 국제적 경쟁력을 보유한 남한은 이미 세계 자유무역의 승자가 되어 경제력과 전 분야 생산 기술력 향상으로 국제분업의 그물망 속에 우위의 경쟁력을 확보하였고, 이를 기반으로 남한은 대 북한 정책에서 새로운 전략이 필요한 때가 되었다. 이상과 같은 전제를 염두에 두고 이하에서 4대 강국의 헤게모니 경쟁구도 속에서 남한이 선택할 수 있는 새로운 대 북한 정책을 살펴 보기로 하자.

 ## 2. 남한의 해외동포 정책 조정

1) 북한의 남북 경제협력에 대한 시각 추정

본 항에서는 앞서 생략한 남북 경협에 대한 북한의 추정가능한 입장을 정리하고 남한이 선택할 수 있는 대안의 하나로 남북 경협과정에서의 해외동포의 역할에 대해 살펴보기로 하자. 북한 체제는 역사상 유래가 없는 견고한 북한식 사회주의체제로서 북한 정권은 2차대전 후 지금까지 세계체제의 맹주인 미국에게 Anti-Hegemony 전략을 고수하고 있다.

외교와 군사적 측면에서 벼랑 끝 전술로 초강수를 지속하고 있는 북한은 남한에 대해 종전의 남조선 적화 통일 구호를 버리고 남한을 협의 대상으로 삼고 있기는 하지만 남한의 역할에 대해 극히 소극적인 평가를 내리고 있다고 판단된다. 즉, 북한의 핵 보유 전략은 자신의 최대의 적국인 미국을 향하여 자신 체제를 수호하기 위한 유일한 생존 전략으로 삼게 된 것이므로 이 문제의 해결 역시 북-미 간의 쌍방의 직접 협상을 통해 해결하자는 입장이었다.

그러나 미국은 이를 거부하고 주변국 모두가 참여하는 6자회담을 통해 이를 해결하자는 입장이었다. 부연한다면, 현재의 북한은 핵 보유를 전제로 미국과의 관계 정성화를 추구하는 입장이고 미국은 완전하고 검증가능하고 되돌릴 수 없는 핵 폐기(Complete, Verifiable, Irreversible Dismantlement: CVID) 원칙을 고수하는 입장이기 때문에 지금까지 북-미 관계 정상화는 교착 상태에 빠져 있다.

사태가 더욱 나빠지는 것은 북한은 대미 협상을 유도하기 위해, 간단없는 미사일 실험 실시와 추가 핵실험의 가능성을 암시하는 태도를 견지하자, 미국을 비롯한 국제기관들의 대북 제재는 더욱 수위를 높여 가고 있다는 점이다. 이런 교착 상태는 북한에게도 결코 바람직하지 않은 것이므로 북한은 현실적으로 상대하기 쉬운 상대인 남한이 브로커 역할을 인정한 것이라고 추론된다. 현실적으로 북한이 북미 교섭에서 도움을 받을 수 있는 유일한 상대는 중국과 남한이겠지만 북한의 입장에서는 중국과의 관계보다는 남한과의 관계에서 더 주고받을 것이 많다는 실리적 입장을 가질 수 있었고 이것은 일찍이 금강산 관광 사업과 개성공단의 실험에서 충분히 경험한 것이었다.

북한 정권은 대북 관계에 유화적인 문재인 정부를 이용하여 북미 관계의 교착 상태를 개선하려 하였으나 가시적인 성과가 보이지 않자 남한 주민들의 대북 삐라 살포를 빌미로 남북 경협의 상징이던 남북 공동연락 사무소를 폭파하여(2020.6) 남북 관계 개선과 경협 재개에 대한 전망을 더욱 어둡게 만들었다. 북미 협상의 교착 상태와 어렵게 조성된 열린 공간에서 남한의 문재인 정부가 브로커 역할을 얼마나 제대로의 역할을 한 것인가 하는 문제는 의문의 여지가 있지만 북한 정권이 북미 관계 교섭에서 남한의 이니셔티브를 기대하고 인정했다는 것은 향후 남북 관계 재개에 크게 고려해야 할 점이다.

이제 남한은 촘촘한 국제기관의 대북 제재 속에 운신의 폭이 협소하여 과거의 남북 경협을 복원할 수도 없고, 보수 강성인 현 남한 정권에게 추가적인 남북 직접 협상이나 북미 협상의 중재자 역할을 기대하는 것은 거의 불가능할 것이다.

그럼에도 불구하고 남북 관계 정상화를 방기하는 것은 남북 모두 최대의 피해가 되는 결과를 초래할 수 있다. 남한은 계속적으로 분단 비용(군비지출, 외세 의존 온존, 남한 내부 갈등 지속, 남북 협력으로 얻을 수 있는 기회이익 방기 등)을 치러야 하고 북한은 북한대로 "핵-경제" 병진 노선의 모순으로 침체된 경제 회생의 길이 막히게 되기 때문이다. 따라서 남북 협력 문제는 남북 양 당사자 모두에게 그리고 동아시아 전체에게 우리 시대의 최고의 경제, 안보상 핵심 의제가 되는 것은 의심의 여지가 없을 것이다.

2) 남한의 해외동포 정책 조정

전술한 바와 같이 현재까지 대북 관계 개선과 북미 회담 과정에 남

남북 경제협력의 새 비전과 과제 : 남한식 헤게모니 모색

한의 역할이 극히 제한적이라는 사실은 인정되지만 그렇다고 해서 남북 관계의 중요성이 사라진 것은 아니기 때문에 향후 남한 정부의 대북 정책은 보다 새롭고, 장기적인 그리고 정교하면서 실효성 있는 대북 정책 수립으로 나아가야 할 것이다. 이에 대하여 남한이 선택할 수 있는 유력한 정책들 중에 하나는 해외동포를 이용하여 북한의 개방 정책을 유도하는 것이다. 본서의 VI장에서 살펴본 바와 같이 해외동포는 남쪽이나 북쪽 모두가 공유할 소중한 민족자산이며 규모와 내용에서 교착 상태에 빠진 남북 관계와 북미 관계를 개선하는 데 큰 역할을 할 수 있는 유력한 집단이다. 북한은 재일동포의 중요성을 이미 경험한 상태이고 남한의 대기업들은 개발경제 시절 여러 분야에서 해외교포 자원으로부터 큰 도움을 받은 수많은 사례들[69]이 있다.

현재까지 남한 정부의 해외동포 정책은 소극적이고 생색내기 정도의 정책이었지 대만과 중국의 정책처럼 적극적이고 체계적인 정책은 아니었다. 다행히 최근 재외동포청이 생긴 것은 고무적인 일이지만 내용을 살펴보면 재외동포청의 지위는 비대해진 외교부의 일부 업무를 이관 받는 외교부의 하위기관으로 나타나 있다. 즉 외교부는 종전과 같이 해외동포에 대한 외교 정책 수립 시행하는 상급기관이고, 재외동포청은 종전에 외교부가 담당하던 해외 진출 남한 국민의 편익 증진, 재외 국민 보호 정책이라는 구래의 사무(절차)업무를 이관 받은 하급기관일 뿐 창의적 기획업무를 담당할 여지가 없는 조직이다.

---

69 오늘날 삼성 그룹이 반도체 산업으로 도약하는 데 재미동포 자원과 유학파들이 결정적인 역할을 했고, 현대 그룹의 모태인 현대 건설의 해외 수주 활동과 건설과정에 북미 거주 동포들이 큰 역할을 담당했다는 것은 잘 알려져 있다.

이런 조직은 출발부터 해외동포가 가진 외교적, 문화적, 경제적 잠재력을 고려하지 않았거나 고려하는데 극히 인색한 관료적 발상으로서 실익이 없는 생색내기 조직이 되기 쉽게 되어 있다. 지금 같은 재외동포청은 과거와 같이 대북 정책에 예속되거나 외무 행정 공무원들의 구태의연한 관료적 사무집행 정도에 머물게 될 가능성이 매우 높은 체제이다. 21세기 한반도 전략 과정인 남북 화해와 경제협력의 과업을 경시하는 시대착오적 발상이고, 해외동포가 가진 복합 개념을 도외시한 무지한 발상이다.

　현재의 730여만 명의 해외동포는 선진국이라는 남한 정부에게 보다 전문적이고 창의적이고 선도적인 실행력을 가진 독립된 재외동포청을 원하고 있고, 해외동포들이 바라는 21세기 대한민국의 해외동포 담당기관은 해외동포들과 함께 남북한이 동반 성장하여 궁극적으로 통일을 앞당기는 기획정책기관이 되기를 원하고 있다.

　남한의 해외동포 정책 조정과 관련하여 두 번째로 추천하고 싶은 부분은 해외동포 업무와 관련하여 해외동포의 개념을 명확히 정비하고 해외동포의 인적 물적 잠재적 경쟁력을 남북한의 경제 발전 전략과 동조화 시키는 전략적 목표를 분명히 하는 것이다. 해외동포 관련 업무는 외교적, 국제 통상적, 문화 산업과 미래 자원 개발측 등 다양한 분야와 관련되기 때문에 각 부처에서 지원받은 전문가와 현지 사정에 밝은 해외동포 재원이 함께 정책을 기획하고 시행하는 범정부적 기관이 되어 21세기 선도국의 행정 모델을 보여 주는 것이 필요하다.[70]

70　저자의 의견으로는 해외동포 정책을 기획하고 운영하는 기관은 국무총리 산하 독립기관(가칭 해외동포지원 위원회)으로 직제 개편하거나 최소한 통일부 산하 독립 외청으로 재배치하는 편이 현재의 직제보다는 더 나을 것으로 보인다. 바람직한 행정체계는 남한의 직업 관료체제를

마지막으로 남한의 해외동포 정책의 조정 방향에서 남한 정부는 해외동포를 남북 화해와 경협 나아가 통일의 길에 적극 참여하는 완전한 동반자로서 기능하도록 법률체제의 정비와 관련 예산 배정에 인색하지 말아야 한다. 이러한 행정체계는 잠재력으로 머물고 있는 해외동포 자원의 경쟁력을 한반도에 실현시키는 한편, 폐쇄된 북한 사회를 점진적으로 개방체제로 이끌어 내는데 유익하고, 북한의 남한 헤게모니 콤플렉스를 저감시키게 될 것이다.

 ## 3. 남한의 대 북한 공공재 공급 방향

북미 협상이 교착에 빠져 있고 엄격한 대북 제재가 가동 중인 현 정세에서 남한이 북한에게 제공할 물량적 공공재의 여지는 매우 희박하며 기껏해야 인도주의적 지원이나 재난 구호 지원 형태의 지원이 가능한 정도이며 그것도 경우에 따라 국제기관의 승인이 없는 경우 불가능할 정도로 어렵게 되어 있다. 그럼에도 불구하고 남한 정부는 엄격한 대북 제재의 예외 조항을 활용하여 소규모 인도적 지원과 사회문화 체육 교류 등을 통해 남북 관계의 끈을 이어 가며 적극적으로 북한에게 도움을 제공할 여지를 발견해야 할 것이다. 이것이 단기적으로 현재 남한 정부가 북한에게 제공할 수 있는 첫 번째 공공재의 공급방향이 될 것이다. 이웃 나라도 어려운 나라를 돕는 판에 위기에 빠진

탈피한 국적 불문 공모제 행정관 임명 체제를 도입하고 지역별 재외동포 수와 비례하여 계약직 보직의 신설을 포함하여 해외동포들도 직접 해외동포 관련 행정업무를 맡을 수 있는 길을 열어 놓는 것이 바람직해 보인다. 현재 남한의 국내 관료체계는 조선 시대의 과거제에 의한 관료 선발의 형태로서 작동하는 낡은 관료제이다. 창의성과 혁신 정신을 담아내기가 다소 어려운 행정체계이다.

우리 형제 동포를 돕는 것은 극히 상식적인 것이고 실리적으로 보더라도 향후 정책을 위해 필요한 태도이다. 현재의 남북 관계와 북미 협상의 교착과 같은 어려운 국면은 언젠가 해결될 것이고 한민족 공동체 유지는 남북이 피할 수 없는 공동의 의제이기 때문이다.

두 번째로 남한이 고려해야 할 공공재 부분은 보이지 않은 공공재 특히 향후 재개될 남북 경협과 관련된 법률적 체계를 재정비하여 북한 전역에 적용될 새로운 규범안을 마련하는 일이다. 지금까지 대북 경협과정에서 노출된 제도의 미비점을 보완하고 재외동포의 북한의 개방 개혁을 유도해야 한다.

세 번째로 고립된 북한이 너무 중국 자본에 의존하는 것은 향후 남북 경제 통합에 큰 장애 요소가 되므로 이를 방지하기 위한 사전 노력이 필요하다. 남한정부는 KSP 사업[71] 범위에 북한을 포함시켜 북한의 개방에 대비하는 한편 남한과 해외동포 자본이 참여하는 다자간 신탁기금을 만들어 대북경제 개발자금을 미리 조성해 둘 필요가 있다.

기타 남한 정부가 구비해야 할 공공재는 튼튼한 안보 태세와 국방력을 갖추어 안보의 명목으로 대북 관계가 혼선을 빗거나 좌우 되지 않도록 안정화를 강화시키는 일, 또한 해외동포와 북한 주민을 상대로 정확한 정보가 전해지도록 광역대 방송 매체를 강화하고, 인터넷망과 무선 통신 기술을 활용하여 북한 주민과 해외동포가 남한과 국제 정세에 대한 정보 접근이 가능하도록 시설투자를 강화하는 것들이 고려

---

71 KSP(Knowledge Sharing Program) 사업이란 한국의 경제 발전 경험과 지식을 바탕으로 협력국(개도국)에 맞춤화된 정책 제언을 제공하는 지식기반 개발협력 사업으로 기획재정부가 총괄 담당부서이다. 2004년부터 2012년까지 동 프로그램으로 39개국이 대상이 되어 440여 개의 과제에 맞춤형 정책 consulting을 제공해 왔으며 KSP는 현재 남한 정부를 대표하는 대표적 정책 consulting 사업이라 할 수 있다.

될 수 있을 것이다. 정보의 접근권은 국제 사회가 호응하는 인권의 문제이고 북한의 개방과 개혁은 결국 북한 주민의 선택으로 결정될 것이기 때문이다.

이상과 같은 전략은 남한의 대북 관계에서 단기적으로 구사할 수 있는 정책이지만 장기적으로 볼 때 대북 제재가 해제되고 비핵화 이슈가 큰 진전을 이룬다면 남한 정부는 Paradigm 전환에 가까운 획기적인 이니셔티브를 발휘할 필요가 있다. 이런 환경이 조성되면 남한은 해외동포 자본과 함께 남북한 동반 성장을 슬로건화하여 북한의 동의를 얻을 가능성이 더 높아질 수 있다.

예를 들면 이미 구축해 놓은 개성공단은 단순한 복구 재건이 아니라 북한이 원하는 스마트 산업 단지 조성을 제안함으로써 북한은 스마트 인프라 분야를 보강하는 효과를 얻고 남한은 스마트 인프라 분야인 에너지, 통신, 교통 등에서 북한에게 유상제공할 수 있어 쌍방이 모두 유익할 것이다.

또한 기존의 금강산 관광 사업 분야도 단순한 사업 재개가 아니라 원산과 금강산을 연결하여 개발하는 종합 인프라 사업으로 확장시켜 제안할 수 있다. 의료와 관광 레저 활동을 연결시켜 복합 관광, 레저 산업 벨트를 조성하는 것은 한때 이미 북한이 구상했던 적이 있었지만 성공하지 못한 사업이기 때문에 이미 친숙한 사업이고 남한과 해외동포 측에서도 관련 인프라 제공과 운영 경험이 있어 합영 형태의 투자와 운영에 큰 문제가 없다. 향후 모든 제재와 북핵 문제가 해결되는 경우 대규모 공공재 건설(공단 건설, 도로 항만, 교통, 통신 남, 북, 중, 러를 연계하는 대규모 물류 에너지 인프라 건설)에도 같은 논리가 적용될 것이다.

4. 논의의 종합

난마처럼 얽혀 있는 남북 관계와 북미 관계는 남한의 역량만으로 해결될 성질은 아니고 그렇다고 Hegemon 미국과 Anti-Hegemon 북한 간의 합의만으로 풀어질 만큼 간단한 사안이 아니다. 북미 관계가 교착에 빠진 지금, 한반도 평화 프로세스와 북한의 개방에 영향을 미칠 수 있거나 선량한 브로커 역할을 맡을 수 있는 나라는 중국과 남한뿐이다. 그러나 미국과 헤게모니 쟁탈전을 벌리고 있는 중국이 북한을 대상으로 미국과 중재에 나설 수는 없는 입장으로 그들은 형식상 외교를 통한 북핵 해결과 남북 당사자 간 협상에 의한 현 상태 안정만을 바랄 뿐 리더십을 나타낼 사정은 아니다. 따라서 남한은 북핵과 북미 관계 정상화 대북 제재 완화 및 완전 해제에 최대한 역할을 할 수 있는 유일한 당사자이다. 최근 문재인 정부는 그 역할을 어느 정도 수행하여 수차례 정상회담을 성사시켰지만 상호 간의 입장만을 확인했을 뿐 차이를 해소하지 못하고 말았다.

북한의 개방 유도와 남북 경협과 관련해서 현재 남한이 단기적으로 할 수 있는 일은 소규모 인도적 지원 및 사회 문화 교류, 그리고 기존의 남북 경협에서 노출된 제도적 기술적 약점을 보완하여 향후 전개될 남북 경협의 기반을 구축하는 일, 보다 많은 북한 주민이 공식 비공식적으로 남한과 국제 정세에 대한 정보에 접근성을 높일 수 있는 공공재 제공 정도가 고작일 것이다.

그러나 남북 관계나 북핵 문제, 북미 관계 정상화는 장기적인 관점에서 정권과 상관없이 일관성 있게 추진되어야 할 중대한 사안이므로 이에 대한 대비도 필요할 것이다. 이런 관점에서 교착 상태에 빠져 있는 북미 관계 개선에 힘을 보탤 수 있는 가장 유력한 집단은 미국 교포의 의회 로비 활동이며 이를 남한 정부가 장기적으로 후원할 필요가 있다. 국제 제재 중에서 가장 강력한 미국 제재를 완화시키려면 미 의회의 동의가 필수적이기 때문이다.

또한 모든 상황이 해결되어 북한이 정상국가가 되었다 하더라도 남한 콤플렉스 문제를 해결할 유일한 집단은 해외동포들이다 이런 의미에서 남한 정부는 현재의 재외동포청 직제와 운영을 개편 조정하여 엄청난 잠재력을 가진 해외동포 재원들이 현실적인 국력의 한 축으로 발휘되도록 용단을 내려야 할 것이다.

IX 남북 경제협력의 새 비전과 과제

 1. 세계체제 속의 남북 경제협력

　지금까지 우리는 세계체제라는 분석틀을 통해 Hegemon 미국과 동아시아 지역 관계, 특히 한반도 지역의 두 대립 세력인 북한과 남한이 미국과의 관계를 두고 진행된 주요 역학관계를 살펴보았다. 이론적 측면에서 남한은 Hegemon 미국의 공공재를 받아들이는 조건으로 한반도 자본주의 시장을 지키고 발전시키는 데 성공하였으며 현재 군사와 안보 측면에서 미국과 동조하여 한반도에서 적대적인 공산주의체제국들을 방어하는 한편 경제적으로 중국과 동남 아시아 지역의 주변국들에게 상당한 리더십을 보유한 나라가 되었다.

　2000년대 들어서 남한은 그동안 적대적 초긴장 관계를 조성하던 북한을 협상의 장으로 유도하고 최초의 남북 정상회담을 성사시켜 남한 전용의 금강산 관광 사업과 개성공단 사업을 성사시킴으로써 한때 어느 정도 남북 관계의 주도권을 확보하기도 하였으며, 문재인 정부시절 교착 상태에 빠진 북한을 도와 북미 쌍방의 현안들을 타결하기 위해 3차에 걸친 양국 정상회담을 주선하는 선의의 브로커 역할을 수행하기도 하였다.

그러나 유감스럽게도 지금까지 남한이 희망하는 남북 관계 개선과 경협 재개는 촘촘한 국제 대북 제재 때문에 불가능하고 이를 타개할 수 있는 비핵화 및 북미 화담은 서로의 입장 차이 때문에 교착 상태에 빠져 있다. 이것은 남한이 북한과 미국 관계에 선의의 브로커 역할을 해낼 정도의 교섭력과 리더십을 갖추지 못한 한계를 노정한 것이다. 자본주의 세계체제의 Hegemon인 미국은 Anti-Hegemon 성향의 작은 나라 북한을 아무 조건 없이 자신의 구축한 세계체제 내로 받아들일 이유가 없기 때문에 Hegemon인 미국이 정한 CVID 조건을 내세워 자신의 룰을 따를 것을 조건으로 하는 것이고, 핵무기로 체제 안보를 담보하려는 북한이 이것을 순순히 받아들일 수 있는 입장이 아니다.

따라서 현재로서는 북미 양자의 타협 가능성은 극히 희박한 상태라고 볼 수 있다. 더구나 현재의 미국은 자신의 헤게모니에 도전하는 라이벌 Hegemon인 중국을 관리하는 차원에서 미국과 우호 관계에 있는 여타 자본주의 국가들과의 관계에서 리더십을 유지 강화하는 계기와 수단을 강구하는 데 집중해야 하기 때문에 작은 나라 북한 문제로 역량 분산을 할 수가 없다. 그 어떤 경우이든 자본주의 맹주인 미국은 자신이 세워 둔 룰을 다른 나라가 폐기하거나 도전하는 것을 쉽게 용납하지는 않는다. 왜냐하면 이론상 Hegemon은 룰을 세우는 데 압도적 역할을 담당하고 다른 나라들을 이에 따르도록 만드는 강력한 리더십을 가진 유일한 맹주이기 때문이다.

또한 중국을 포함한 여타국들도 정도의 차이는 있지만 미국 헤게모니에 이익이 되거나 손해가 없기 때문에 현 헤게모니 체제를 전복시킬 유인은 없다. 따라서 현 세계체제에서 남한이 대 북한 관계에서 리더십을 발휘할 공간은 매우 협소하여 소규모 인도적 지원이나 체육 사회 문화 교류 등이 가능할 정도이며 이 경우에도 상황에 따라 국제기관의 승인을 얻어야 할 지경이다. 유감스럽게도 아직까지 남한은 Sub-Hegemony를 발휘할 정도의 주도권을 갖지 못했기 때문에 기존의 국제체제 질서와 룰을 바꾸거나 새로운 룰을 구축할 역량이 없다.

이러한 세계체제 안에서 남한 정부에게 남은 정책적 단기적 과제는 대북 국제 제제 영역 밖에 있는 부분과 제재 예외 영역에 집중하여 북한과의 관계를 계속 우호적으로 관리하는 한편, 향후 국제 정세의 변동과 북한 사회의 변혁에 대비하여 새로운 패러다임을 준비해야 한다. 남북 관계 개선이나 남북 경협은 한민족 공동체로서 동반 성장과 향후 경제 통합 단계로 나아가야 하기 때문에 이를 위한 안정적인 법체계와 제도를 갖추어야 한다. 이것은 남북 관계 개선 과정의 첫 공공재 구축이며 정권의 이념적 정치적 성향과 무관하게 장기적이고 일관성 있게 추진되어만 실현될 수 있는 매우 어려운 과제이다.

2. 남한의 헤게모니 발휘와 남북 경제협력

현 단계 남북 관계와 북핵 문제와 북미 협상의 난항의 원인은 기본적으로 미국은 대북 정책 방향에 완고한 헤게모니를 고집함으로써 유연성이 결여되어 있고, 북한은 모순된 개방정책인 북한의 핵-경제 병진 정책 즉 체체수호적 개방 정책을 고집함으로써 서로 타협점을 찾지 못하는 가운데, 북한의 개방과 개혁을 유도해야 할 책임이 있는 남한이 헤게모니 부족과 장기적이고 일관성 있는 전략 부재로 인해 총체적 난관 상태를 만들고 말았기 때문이다.

중장기적 관점에서 볼 때 남한의 헤게모니 확보 전략은 7백만 해외동포를 한민족 공동체 발전의 중요한 축으로 삼아 남북, 해외동포의 3자 연합전선을 구축하여 외세의 영향력을 제한하거나 배제하는 정책으로 가닥을 잡아야 할 것이다. 외세에 민감하고 남한 콤플렉스에 빠져 있는 북한이 유일하게 친화력을 가질 수 있는 집단은 해외동포이며, 북한은 이미 조총련과의 오랜 관계를 통해 이들과 친화력을 가지고 있다.

남한 정부는 이것을 활용하여 교착에 빠진 남북 경협과 북미 교섭에 해외동포가 역할을 할 수 있도록 준비하는 것이 필요하다. 수많은 화교, 화인 자본과 인적 자원들이 대만의 경제 발전과 중국의 급속한 경제 발전에 원동력이었다는 점은 앞에서 살펴본 바 있다. 비록 국지적으로 북한의 영향력으로 운영되는 해외동포 조직이 있기는 하지만 해외동포 조직의 대부분과 비조직 일반 해외동포의 절대 다수는 남한의 민주주의와 시장경제체제를 옹호하고 북한의 개방과 동반 성장을 찬성하는 집단이다. 남한 정부는 새로 마련한 재외동포청을 생색내기 행정기관으로 놔둘 것이 아니라 7백만 해외동포들의 역할 발휘를 위한 혁신과 창의적인 행정기관으로 재조정해야 할 것이다.

앞에서 우리는 현재 교착 상태에 빠져 있는 남북 문제와 북핵 및 북미 문제에 대처하는 단기적인 남한 정책의 방향과 중장기 측면의 정책적 과제를 나누어 검토하였지만 이것은 어디까지나 남한과 북한의 현 체제와 미국의 현재 세계 전략이 불변인 상태를 염두에 두고 남한이 전략적으로 선택 가능한 것들을 살펴본 것이다. 이제 마지막 단계로 모든 제약 조건을 해제하고 원론적 입장으로 돌아가 남북 경제협력의 마지막 단계인 남북 경제 통합과 통일에 대비한 전략을 살펴보기로 하자.

큰 그림으로 볼 때 현재 한반도를 둘러싼 세계체제는 청산되지 않은 냉전을 처리하는 과정으로써 지구상 마지막 남은 후진적 역사적 블록[72]을 해체하고 새로운 역사적 블록을 형성하는 길을 찾고 있는 것으로 볼 수 있다. 또한 현 세계체제는 과거의 세계체제와 달리 Hegemon 주도 단일체제가 아니라 여러 개의 헤게모니가 공존하는 글로벌 세계체제로 전환되었다고 볼 수 있다. 유럽은 이미 EU가 집단적 헤게모니를 행사하고 있고, 아시아에서는 부상하는 중국이 미국의 헤게모니를 위협하고 있다.

또한 이 시대의 특징은 산업적으로 글로벌한 상품공급체계가 그 어느 때보다 광범위하게 진행되어 국내 문제와 국제 문제 구별이 어렵게 되어 경우에 따라 국내 문제가 곧 국제 문제가 되는 비중이 더 높아졌다. 또한 헤게모니 집단으로 보면 카리스마를 가진 민간 엘리트 집

---

72 Historic Bloc에 대해서는 본서 III장 1절 참조

단이 산업 분야뿐만 아니라 국가 행정과 우주 항공 분야, 의료 보건 분야까지 많은 공공 분야를 통제하는 정도가 과거보다 상상할 수 없이 막강한 위치까지 성장하여 세계체제의 주도적 지배 그룹이 되었다. 미국의 경우 사업가 출신인 트럼프가 대중의 호응과 인기를 얻어 국가의 최고 행정을 담당하여 미국의 국익 우위 정책이자 세계화의 퇴조 흐름을 각인시켰으며, 현재 진행 중인 우크라이나와 러시아 전쟁의 경우도 Historic Bloc의 재편을 예고하는 것으로써 일론 머스크의 스타링크의 인터넷 서비스는 세계 초강대국 러시아의 재래식 군대를 무력하게 만드는 시대가 된 것은 좋은 예가 될 것이다.

남한의 경우, 이미 세계 주요 산업 전반에 걸쳐 세계시장의 주전선수(major player)가 된 재벌들이 남한뿐만 아니라 국제 사회에서 강력한 영향력을 가진 세력이 되어 있고 산업적으로 이미 제4차 산업의 초연결 사회에 재빨리 적응하여, 인공지능과 로봇화, 산업의 스마트화, 환경친화적인 연료, 에너지 자원 개발과 응용에 힘을 쏟고 있다. 현재 김정은 정권의 과학기술 중시 구호인 "지식 경제 강국"에 이러한 남한 자본들의 국제 경쟁력은 큰 저항 없이 대북 돌파력을 가진 남한의 유력한 대북 협력 수단이 될 수 있다.

특히 남한 정보통신 기술의 급속한 발전은 남한 사회를 21세기 산업 선도국의 위치로 한 걸음 더 다가가도록 하였다. 세계 최초로 5G 이동통신을 상용화한 남한은 5G 인프라 구축을 넘어 위성-상공-지상 네트워크를 통합한 6G 통합형 무선통신 접속 네트워크인 STAIN(Satellite-Aerial-Terrestrial Integrated Network) 실현에 매진하고 있다. 정치외교 영역 너머 민간 자본이 부가가치 창출 기회를 한반도를 넘어 동북 3성(인구 1억 1천만 이상)과 극동 러시아, 몽골까지를 망라하는 북방 경제권 진출을 노리는 기반 형성에 노력하고 있다.

이러한 노력은 한반도 정세와 북한의 개혁 개방에 폭발력을 가진 큰 변수가 될 수 있는 것으로 보인다. 그 어떤 요인보다 북한 주민에게 정보 접근성을 높이는 것은 인권 차원에서 바람직한 일이고 북한 당국이 기술 발전의 흐름을 차단하는 데도 한계가 있기 때문이다. 또한 북한의 개방 개혁 문제는 남한의 노력이나 국제 사회의 강요로 되는 것이 아니라 북한 주민의 선택으로 이루어지는 것이고 앞으로의 남북 경협도 같은 맥락에 서 있기 때문이다.

향후 글로벌 세계체제 안에서 한반도 공동체는 과거의 유산인 북한의 개혁 개방 정책이나 북한의 노동력과 남한의 전통기술과 자본이 서로 보완하는 협력 형태가 아니라 남북한 동반 성장을 위한 글로벌 협력 형태를 지향할 것이고, 한반도를 넘어 국가 단위 전략보다는 글로벌적으로 상호 보완성과 협조성이 있는 나라들 간의 광역권 단위의 경제협력과 집단방위 전략으로 진화하는 방향으로 추진될 가능성이 높다. 이런 과정에는 현지 사정과 경험 그리고 국제적 안목과 경험이 많은 우리 민족의 자산인 해외동포가 중요한 역할을 할 수 있도록 남한의 정책 배려가 필요할 것이다.

글로벌 세계체제 안에서 남북한은 모두 안정적이고 지속적인 동반 성장을 위해 노력해야 하는데, 이를 저해하는 걸림돌이라 할 수 있는 한미 군사 동맹과 북중 군사 동맹을 발전적으로 개정하고 남북 연합 안보체제로 이행할 수 있도록 길을 열어 두어야 한다. 현재처럼 남한과 북한은 각각 중국과 미국에 안보의 등을 기대고 있는 한, 한반도 문제는 한민족 내부 문제가 아닌 국제 문제가 되는 것이고 그만큼 이해 조정이 어려워지는 것이다.

새로운 시대의 새로운 안보 패러다임은 완전한 통일 국가를 이루기까지 기존의 동맹체제를 단계별로 개정하여 외세 개입을 차단하는 새로운 형태의 한반도 공동안보 체제를 강구할 필요가 있다. 현재 미국과 남한의 상호 방위조약은 미국 필리핀 간의 방위조약, 미일 방위조약보다 불리하게 되어 있는 구식의 불평등 조약이고 조만간 개정이 불가피하다. 또한 주한 미군 문제도 원론적으로 더 이상 한국이 관여하거나 결정할 문제가 아니고 오로지 미국이 결정할 문제로써 남한은 오직 미국의 요구가 있을 경우 이를 검토하여 남한에게 보다 적합한 형태로 주한 미군 주둔을 허용할 수 있을 것이다.

X 맺음말

    우리는 지금까지 세계체제에 관련된 이론들을 검토해 보고 이를 바탕으로 한반도 평화 프로세스와 남북 경협과 관련하여 정책적 시사점과 과제를 중점적으로 살펴보았다.

    우선 이론적 측면에서, 세계체제(전환)론과 헤게모니 안정화론에서 보이는 주요 명제들은 해방 후 남한 자본주의 발전과정에서 두드러지게 잘 확인할 수 있었는데, 특히 1950년대 이후 1980년대까지의 남한의 경제 발전과정에서 확인되었다. 즉 당시 남한은 주로 미국의 공공재 공급을 받아 성공적인 경공업 수출 발전을 이룩하였고, 1970년대 의욕적인 중화학 제품 수출 공업화로 이어져 이른바 수출대체 공업화 전략을 구사하였다. 당시에 미국의 헤게모니에 힘입어 국제 무대에서 유의미한 활동에 성공하게 된 것은 헤게모니 안정성 이론의 타당성을 입증한 것이라고 볼 수 있다.

    또한 이 시대의 세계체제는 냉전구도 속에서 미국의 Fordism 축적체계가 광범위하게 실시되었는데, 이 축적체제는 섬유, 전자 제품 등

남북 경제협력의 새 비전과 과제 : 남한식 헤게모니 모색

신국제분업 품목 위주의 수출 주도 공업화를 추진하던 남한의 권위주의 정부 정책과 잘 맞아떨어진 축적체계로서 당시 사회경제 전반에 천착 되었던 광범위한 병영식 기업문화와도 잘 부응하였다. 덧붙여 이 시기는 남한은 월남 특수, 중동 특수 같은 세계체제의 특수 국면을 성공적으로 잘 활용하기도 하였다.

한편 1997년 외환위기에서 확인되었듯이 남한 정부의 과도한 세계화 정책 실패로 인하여 기존의 축적체계는 일대 위기를 맞이하였고 마침내 글로벌 세계체제가 강제하는 신자유주의 구조조정을 받아들일 수밖에 없게 되어 남한 자본주의 역사상 가장 혹독한 시련을 겪기도 하였다(IV장).

이러한 세계체제(전환)론과 HST 이론, 글로벌 세계체제론의 주요 명제들은 남한 자본주의 역사 발전과정에서 확인할 수 있었지만, 이론 부분에서 마지막으로 검토했던 독일식 Hegemony론은 향후 남한 자본주의 발전 방향과 연결되어 정책적 시사점이 매우 큰 이론이었다.

즉 현재 진행되고 있는 글로벌 세계체제의 초국적 Hegemony의 산물은 실물경제 측면에서 WTO 체제 안에서 벌어지는 개방적 지역주의(NAFTA와 수많은 FTA) 국제 통화 금융체제의 다극화(SDR체제), 사상 초유의 EU 탄생과 EURO 운용 등을 통해 나타났으며 이들과 함께 오늘날 세계체제의 다양한 헤게모니 양상들이 작동했던 것이다.

대표적인 경우로서 독일이 보여 준 헤게모니형태와 중국의 헤게모니 도전이 있다. 본서에서 규정한 독일식 헤게모니(III장 5절)는 법과 규범을 세워 모범을 보이는 리더십이었으며 EURO 탄생과 운용, 난민 위기와 남유럽 경제 위기 등의 대처에서 그 효과가 확인되었다. 비록 독일식 헤게모니는 미국 헤게모니와 경쟁과 갈등을 유럽 지역 내부에서 대처하는 지역적 헤게모니라는 측면에서 한계가 있지만 분단구조를 너머 통일과 유럽 지역 통합을 이룩한 헤게모니 라는 측면에서 남한에게 큰 정책적 시사점을 가진 헤게모니라고 평가된다.

중국의 라이벌 헤게모니 현상은 "일대 일로" 정책, "중국몽"에서 드러났듯이 현 글로벌 세계체제의 헤게모니에 도전적인 형태를 보이고 있다(VII장 4절).

현재 진행 중인 중국의 동북 아시아 패권 도전과 중국의 헤게모니 도전에 대한 남한의 정책적 시사점은 본문에서 자세히 검토할 수는 없었으나 대강 다음과 같은 점들은 지적할 수 있을 것이다. 첫째 우리는 아직 중국 고유의 헤게모니를 확인하고 인정할 충분한 시간을 갖지 못했고, 우리가 확인한 것은 중국의 경제적 군사적 부상과 기존의 패권 국 미국을 도전하는 위치에 서 있다는 점이다. 둘째로 미국을 추격하는 경제력이나 군사력 같은 분야에서 중국의 부상을 인정하지만 중국의 문화와 금융, 산업 기술력 등 소프트 파워가 세계적으로 인정받을 위치에 있지 않다는 것도 사실이다. 무엇보다 지적할 점은 중국이 세계체제에 제공할 공공재 제공 능력이 미국을 대체할 수준이 아니라는 점이다. 아직까지 중국은 세계질서의 재설정에 필요한 제도와 기구를 새롭게 구성하지 못했고 기껏해야 2001년 서방이 만든 세계 교역제도인 WTO에 가입한 것이 유일하다.

마지막으로 Hegemon으로서 중국의 이데올로기는 중국식 자본주의인데, 이것은 중국 같은 거대 국가가 품고 있는, 내부 문제들을 대처하는 데는 최적인 이념체계일지는 모르지만, 21세기 범 세계적으로 수용될 이데올로기는 아니다.

이상을 염두에 두고 우리는 이러한 헤게모니를 미국 헤게모니에 도전하는 중국식 헤게모니라고 규정하여 그 특징을 정리해 본다면 첫째, 중국은 아직 Hegemon으로서 책임 있는 의무와 책임을 수행한 적이 없기 때문에 여타국들의 암묵적인 동의를 받지 못한 채 일방적인 경제적 군사적 위협 수단만을 사용하는 19세기 헤게모니 형태를 보이고 있다. 같은 맥락에서 중국은 아직까지 Hegemon이 가져야 할 능력, 즉 지역적 혹은 국제적 분쟁 해결에 국제기구를 통한 외교와 협상 능력을 보여 주지 못하고 있다. 다시 말하면 여타국들이 중국의 Supremacy를 이용해서 이득을 볼 여지가 희박한 가운데 오로지 경제적 내지 군사적 위협 수단을 자주 사용하고 있다. 마지막으로 이미 구축된 서구 자본주의 규범, 가치체계 및 제도와 충돌을 해결하기 위한 세계적 규범이 아니라 중국 국내의 규범을 세계화하는 측면이 있다. 즉 중국몽, 일대 일로, 전량외교 등이 세계 여타국들과 갈등을 일으키는 것은 이러한 중국식 규범이 세계 자본주의 규범과 상치되어 갈등을 증가시키는 요인이 되어 Hegemon으로서의 중국 위치에 부정적인 영향을 미치고 있다.

이제 이러한 세계체제의 흐름 속에 남한이 고려해야 할 정책적 함의를 정리해 보기로 하자.

현실적으로 볼 때 남한의 대북 헤게모니 추구는 서독이 동독과 관계 개선에서 그리고 EU 구축과 운영 과정에서 보였던 독일식 헤게모니의 방향과는 달리 진행될 수밖에 없다. 왜냐하면 남한의 경우 독일과 같은 수준의 경제력을 가진 것도 아니고 서독처럼 초당적으로 꾸준하게 통일을 위한 준비 과정을 정비하지도 못했고, 관련국들을 설득할 만한 수단이 매우 빈약하다. 더구나 동서독과는 달리 남북한 주민 간에는 전쟁의 후유증으로 서로 적대감이 사라지지 않았고 북한 사회는 소련의 위성국이었던 동독과는 다르게 핵 무력을 통해 미국과의 직접 담판을 통해 자신의 체제 안정을 원하는 상태에서 남한이 남북 관계에 주도권을 행사하는 것은 매우 제한적이기 때문이다.

남한의 입장에서 대북 제재의 예외 분야를 활용해서 북한을 지원하는 정책을 계속해 나가면서 언젠가 다시 회복될 남북 관계를 위해 공공재를 확립이 필요하며 무엇보다 안정적인 제도와 법체제를 미리 준비해야 할 것이다. 동시에 중장기적인 정책으로 남한이 준비해야 할 하나의 옵션은 7백만 해외동포를 남북한 동반 성장의 파트너로 대접하고 육성하는 것이다. 해외동포 세력은 북한의 체제 전환을 가장 순조롭게 도울 수 있는 가장 유력한 집단이기 때문이다. 즉 우리 해외동포들은 한반도를 둘러싸고 끊임없이 영향력을 행사하고 있는 4대 강국의 핵심 도시에 포진하고 있는 대한 민국의 해외 진출 전진 기지이자 향후 북한의 개방 과정과 개방체제로 이행 후 적극적으로 북한에 투자하거나 해외 외자 유치 컨설팅을 통해 북한이 필요한 직접 투자와 외자 유치에 실질적으로 도움을 줄 수 있는 소중한 민족자산이다.

따라서 7백만 해외동포는 새로 출범한 재외동포청이 환대하고 우대해야 할 대상이지 선별하고 관리할 대상이 아니다. 재외동포청은 생색내기용 행정에 머물 것이 아니라 해외동포를 우대하고 이들 재원을 적극적으로 활용하는 방향으로 정책을 전환해야 할 것이다. 이런 정책 방향은 북한의 남한 콤플렉스를 완화시키고 교착 상태에 빠져 있는 동포들의 의회 로비 활동을 통해 북미 회담과 대북 제재의 완화에 큰 도움을 줄 수 있다(VI장). 우리는 이미 본문에서 대만과 중국의 경재 개발과정에 화교, 화인의 역할이 얼마나 큰 역할을 담당했는지를 살펴보았다(VII장). 해외동포 정책 측면에서 북한은 남한보다 앞선 정책을 가지고 있으며 조총련계 재일 교포를 북한의 최고 의결기관인 최고인민회의 대의원(남한의 국회의원)으로 대우했다는 점은 이를 잘 보여 주는 좋은 예라고 할 수 있다(VI장).

현재 남북한을 포함한 동아시아에서 미국과 중국은 Hegemon의 위치를 놓고 서로 경쟁하는 위치에 있다고 볼 수 있는데, 중국은 북한과의 관계에서 비록 경제적 군사적으로 동맹의 위치에 있는 것은 사실이나, 북한은 중국의 위성국가의 위치에 있는 것은 아니며 일본은 남한과의 관계에서 경제적으로 호혜적 관계에 있으면서 직접적으로 군사력을 동원할 입장에 있지도 않고 더구나 이들 양국에 공공재를 공급할 입장이 아니다. 반면에 미국은 한국과 일본에 안보에 필요한 튼튼한 공공재를 공급하고 있으면서 북한에게도 충분한 공공재를 공급할 의사와 능력을 가진 나라이며 이것을 염두에 두고 북한은 계속해서 미국에게 적절한 공공재 공급을 요구하고 있는 실정이다. 따라서 HST 이론으로 볼 때 동아시아에서 유일한 Hegemon은 미국이며 Hegemon으로서 미국은 동아시아에서 지역 안보와 자유무역 질서를 계속 유지하고 있고 강력한 안보조약 아래 양국에 엄청난 미군을 주둔시켜 중국과 북한의 도발을 억제함으로써 동아시아의 자유무역체제를 안정화시키고 있다고 생각된다. 따라서 이런 구도 속에서 남한이 가진 자유스러운 의사결정과 선도권에 가장 걸림돌이 되는 국가는 Hegemon인 미국이고 그 다음이 미국의 헤게모니에 라이벌인 중국, 마지막으로 헤게모니에 가장 극적으로 반대하는 북한이 남한의 선도권에 걸림돌이 된다고 생각할 수 있다.

다음 문제로 이런 헤게모니 체제 아래서 어떻게 남한이 북한을 상대로 남한의 주도권(Initiative) 혹은 하위 헤게모니(Semi-Hegemony)를 발휘할 수 있는가 하는 점이다. 이것은 곧 구래의 남한 내 미국의 헤게모니의 조정을 의미하는 것이며 미국은 남한의 국제적 위상을 인정하고 경제와 안보의 실질적 동반자로서 자신의 헤게모니에 라이벌인 중국을 제어하고 헤게모니에 반발하는 북한을 더 효과 있게 교섭할 수 있도록 남한과 함께 동아시아 전략의 새로운 패러다임을 짜는 것을 의미한다. 현실적으로 남한이 직면한 문제는 Hegemon으로서 미국의 전략을 벗어나지 않는 범위에서 자신의 경제 전략이 미국의 이해관계에 적어도 해가 되지 않음을 인식시켜 나가면서 자신의 운신의 폭을 넓혀 나가야 한다. 이러한 노정에서 추정 가능한 중국의 입장은 동아시아에서 미국의 헤게모니에 대항하기 위해서 노골적으로 남한과의 관계를 악화시키기보다는 동북 아시아 안정을 유지하면서 교역 유지 확대를 통한 실리 추구 정책을 선호할 수 있을 것이다.

아직까지 중국은 남한에 대해 Hegemon의 위치에 서 있다고 보기는 어렵고, 호전적인 북한에 대한 브로커 역할을 계속하면서 남한에 대해 지속적인 경제적 선린 관계를 추구할 가능성이 높다. 특히 남한의 제조 기술이나 중국이 필요한 반도체 등 중간재 공급국으로 남한의 지위를 당분간 인정하게 될 것이다.

남한이 가져야 할 기본 방향은 남한의 제조업 기술력과 소프트웨어 분야의 우위를 한 단계 더 발전시켜 가장 큰 경제 파트너인 중국과의 관계를 잘 유지 관리해야 하고, 중국 스스로 보다 더 남한에 친화적인 관계를 갖도록 유도하는 것이다. 중국의 발전에 필요한 기술을 남한이 갖고 있는 한 중국은 남한과의 경제 관계의 악화를 원치 않을 것이기 때문이다. 이런 현상은 현재 일본이 중국과의 교역 관계에서 누리는 이점이기도 한데 남한은 이것을 더 잘 이용할 필요가 있을 것이다.

둘째 남한은 세계에서 가장 호전적인 전체주의 국가인 북한을 개방과 개혁으로 이끌 선도적 역할을 확실하게 할 필요가 있다. 북한이 원하는 대미 관계 개선과 체제 보장 대북 제재의 해제 등의 이슈에 가장 선의의 제삼자는 남한이며 자기 계산을 가지고 분명하게 거래를 성사시켜 양자가 모두 수긍하는 타결안을 제시할 수 있는 중간 브로커의 역할을 제대로 할 수 있는 나라는 이 지구상에 남한이 유일하다.

이런 추론의 연장선상에서 본 중국의 입장은 이미 남한은 중국과 경제적으로 가장 친밀한 나라 중에 하나이며 북미 관계의 호전과 한반도 긴장 완화로 피해를 입지 않을 뿐 아니라 새롭게 형성되는 동북 아시아 환경조성에 자신의 입지를 어느 정도 관철시킬 수 있는 기회가 되기 때문에 남한의 선도적 역할에 큰 시비를 걸지 않을 것이다. 북한의 입장에서도 남한의 적극적 역할을 받아들일 수 없는 것은 아니다. 이미 수차례 남북 정상회담이 있었고 남한의 주선으로 북미 정상회담이 두 차례나 진행된 경험이 있다. 북한의 입장은 자신의 불안한 체제의 안정이 필요하고 피폐한 내국 경제 재건을 위해 시급한 대북 제재 해제와 자유로운 국제 교역을 원하고 있기 때문에 이를 위한 남한 노력에 공조할 가능성이 매우 높다고 할 수 있기 때문이다.

그러나 미국은 대북 정책에 남한과 형식상 공조하는 데 반대할 수 없는 처지이지만 내용 면에서 남한이 실무절차에서 가장 다루기 어려운 상대라고 볼 수 있다. 큰 그림으로 볼 때 남한은 한반도 긴장 완화를 목표로 최소한 정전협정을 넘어 평화 협정으로 나아가는 것을 기본 방향으로 잡고 있는데 반하여 미국은 핵무기 완전 폐기가 확인되지 않은 상태에서 그 어떤 논의도 할 수 없다는 긴장 유지 쪽으로 가닥을 잡고 있기 때문이다. 더구나 미국은 정권이 바뀔 때마다 대북 정책이 다르게 되어 혼란이 생겼고, 남한 또한 대북 정책을 두고 보수와 진보가 대결하여 이른바 남-남 분열이 심화되어 정권이 바뀔 때마다 일관성이 결여된 정책을 취했기 때문에 남한의 북미 관계 정상화 과정에 성실한 브로커 역할을 할 공간이 매우 협소하였다.

이런 전체 구도에서 남북한 경제 공동체 형성의 길에 남한이 할 수 있는 직접적인 역할은 다음과 같은 몇 가지 방향으로 진행될 수 있다.

첫째, 북미 협상이나 핵 관련 협상과는 독립적으로 북한과 경제협력을 증진해 가는 정책을 펴는 것이다. 이미 남한은 미국의 묵인 아래 북한과 직접 교섭하여 금강산 관광 프로젝트를 성공시킨 서비스 분야의 교류에 경험을 쌓았고, 개성공단을 성공적으로 운영하여 제조업 분야에 남북 경협에 성공한 소중한 경험이 있다. Hegemon의 영향을 받지 않고 남한이 찾아낸 귀중한 유산이었다. 여러 이유로 중단된 양 사업을 복원시키고 이를 확대하는 것은 그리 어려운 일이 아니다.

둘째, 이미 수차례 협의를 거친 남북 철도 연결 사업을 본격화하고

남북 경제협력의 새 비전과 과제 : 남한식 헤게모니 모색

먼저 러시아 횡단 철도를 연결하는 프로젝트를 진행하는 일이다. 이 것은 경제의 동맥을 잇는 사업이므로 러시아와 북한이 동의할 수 있 는 분야로서 안보 이슈에 직접 관련되지 않으면서 참여국 모두에게 이익이 되는 분야이다. 헤게모니 쟁탈전을 전개하고 있는 미국과 중 국의 개입 없이 남-북-러 경제협력의 장이 될 수 있을 것이다.

기타, 북한 문화재 보존 관리 지원, 공공 의료 지원, 각종 긴급 구호 지원 사업 등 대북 관계 발전을 위한 지속적인 노력이 필요할 것이다 (VIII장).

앞서 우리가 검토한 것은 Hegemon으로서 미국의 영향 아래서 지 금까지 용인된 남북 간 교류협력과 경제협력을 복원하거나 확대시키 는 극히 소극적이고 보수적 정책에 관한 것이었다. 즉 지금까지 남한 은 Hegemon 미국과의 동조 정책만을 추구하다 보니 미국의 헤게모 니에 반발하는 북한과의 관계는 북-미 관계에 종속되어 남한 자체의 운신의 폭을 스스로 좁혀 놓고 말았다. 이러한 정책 방향은 남한의 대 미 관계의 특수성과 대북 정책을 두고 남한 내부에 뿌리 깊게 박혀 있 는 북한 사회에 대한 불신감과 적대감을 지배적 전제로 둔 것으로 현 실 안주형 내지 극히 보수적 정책이었다고 평가된다.

그러나 가까운 장래에 남한은 미국과의 관계를 재설정하고 자체 역 량을 발휘해야만 하는 국면이 올 수 있고 언제까지나 대외 환경의 개 선만을 기다릴 수 없는 시기가 도래할 것이다. 예를 들면 동아시아에 서 예견되는 미국과 중국의 헤게모니의 대규모 충돌 가능성, 일본의 재무장과 미일 관계의 재설정, 북한의 내부 정세 불안으로 대규모 난 민 발생, 그리고 중국의 북한 개입 등의 큰 사변들이 일어난다면 언제까지나 미국 헤게모니에만 한반도의 장래를 의존할 수 없는 것이다.

물론 이 과정에서 세계체제 속에 패배자가 되지 않기 위해 우리가 확인해야 할 일은 지금까지 한반도를 둘러싸고 Hegemon 미국이 견지해 온 입장을 정리하고 향후 미국이 취하게 될 정책의 윤곽을 파악해 보는 일이 가장 중요하다고 생각된다. 그러나 한반도 정세에 결정적 영향을 미치는 미국의 헤게모니도 결국 중국을 필두로 한 4대 강국들과 경제 군사 안보상의 역학관계에 영향을 받지 않을 수 없기 때문에 이들의 대 한반도 정책도 함께 고려해야 하는 난제가 있다 할 것이다.

이 모든 복잡한 국제간 이해구도 속에서 유의미한 정책을 고려하는 경우 우리가 시종일관 확인해야 할 일은 현재 남한 자체의 내부 이슈를 인식한 후 이를 해결하기 위한 내부 역량을 키울 기본 방향을 먼저 명확히 한 후에 그 바탕 위에 외부 요인들을 고려하는 수순이 견지 되어야 한다는 것이다.

한반도는 2차대전 후 지금까지 세계체제의 강력한 규정을 받아 남북한 체제 모두 강대국들의 이해관계에서 벗어나지 못한 채 적대적 관계를 청산할 자체 역량을 키우지 못하고 북한은 개방된 국제 사회에서 고립된 채 낡은 사회주의 틀의 포로가 되어 대중 다수의 고통이 누적되어 있고, 남한은 휴전선에 가로 막혀 섬나라 같은 처지가 되어 있다. 비록 남한 자본주의는 해방 후 지금까지 괄목할 만한 생산력 발전과 민주화를 이룩하여 현재 선진국 대열에 합류하였지만 한반도 공동 번영의 큰 그림에는 성공하지 못하였다. 향후 남한 자본주의 발전 방향은 밖으로 Hegemon 미국의 강력한 영향력을 극복하면서 안으로 역사적 블록과 풀뿌리 대중 다수, 그리고 민족 공동 자산인 해외동포

들의 3자 동맹을 통해 북한 사회와의 화해와 협력을 얻어 내는 과업이
될 것이다.

결론적으로 남북한 경제협력의 길은 향후 통일 한국의 축적 전략 모
델(Model Korea)을 구축하는 도정이 되어야 한다. 한반도 긴장 완화
와 남북 경협의 재추진은 동아시아의 평화와 번영에 핵심적인 의제로
서 압도적 경제력을 가진 남한의 리더십으로 풀어야 할 과제이다. 이
세기에 마지막 남은 냉전의 유산을 남한의 리더십으로 풀어 나아가야
하는 세계사적 과업이 이미 시험대에 올라와 있다고 볼 수 있다. 남한
은 남북 문제와 함께 남-남 문제를 해결하기 위한 내부 정체성에 대한
풀뿌리 대중 다수의 동의를 얻어야 하고 북한에게는 남북 문제가 외
세에 뒤엉키지 않도록 온갖 노력을 경주해야 한다. 또한 장기적 관점
에서 북한 대중을 위한 식량과 구호품 제공은 물론 지속적인 공공재
공급도 필요하며, 향후 전개될 남북 경협의 폭발적 성장을 대비하여
해외동포 중심의 다국적 경협 지원단을 운영해야 하고 이것을 실현하
기 위해 현재의 재외동포청의 위상과 기능을 혁신적으로 개편해야 할
것이다.

향후 남북 경협의 추진 방향은 단절된 기존의 남북 경협의 단순한
재개가 아니라 남한과 북한이 동반 성장하는 방향이며, 남북한의 소
득 격차를 줄이고, 신기술, 신개념의 남북 특화 산업 육성을 도모하는
한반도 장기 성장 동력을 구축하는 경협이 되어야 할 것이다. 예를 들
면 개성공단이 재가동되는 경우 기존 제조업 가동과 함께 정보통신기
술(ICT) 연구개발 및 교육 훈련 기능이 부가된 스마트 산업 복합공단

이 될 수 있고, 금강산 관광 사업의 재개는 기존의 관광 사업의 재개와 함께 원산 지역을 함께 묶어 스마트 인프라를 조성하여 의료와 관광 산업을 복합적으로 개발하여 이 지역을 환동해 개발의 거점 지역으로 만들 수 있을 것이다(IX장).

　머지않은 장래에 도래할 남북한 경제 통합과 완전 통일이 남북한 스스로 자체적 역량을 통해서 이루어져야 한다는 명제에 반대할 근거는 없을 것이다. 미래의 남북한 경제 통합과 완전 통일의 길은 남북한 모두 기존의 축적체제에서 벗어나 새로운 통일 한국 고유한 축적체계를 만드는 길로 방향을 잡을 개연성이 높다. 즉 앞으로 남북한은 중국이나 미국같이 세계 패권국 축적 모델이 아니라 독일 모델을 참고하여 주변국들과 7백만 해외동포들을 모두 포함한 다양한 경제연합체를 형성해 나가면서 글로벌 세계체제에서 승자가 되는 한국 고유의 축적 모델을 만들어 나가게 될 것으로 전망하여 본다.

참고 문헌과 자료

〈국내 편〉

권영배, 「한국의 베트남전 파병이 국민경제에 미친 효과에 관한 연구」, 경성대학교 무역대학원, 경제학 석사 논문, 1996, pp. 4-6.

변종수, "해외동포의 남북한 경제협력 중개 현황과 발전 전망", 『교포정책자료 48』, 해외교포문제 연구소, 1994, p. 39.

스기하라 카오루 지음/박기주 옮김, 『아시아간 무역의 형성과 구조』, 전통과 현대, 2002.

양문수, "김정은 정권의 경제개혁 조치와 북한경제 평가", 『북한 연구 학회 춘계 학술발표논문집』, 2017.

양평청, "해외 화인 화교와 중국의 대외 개방 그리고 현대화 건설", 『한·중·미 해외동포정책 세미나』, 한·미 해외동포정책연구소, 2005.

왕싱칭, "중국의 화교에 대한 법률제도", 『한·중·미 해외동포정책 세미나』, 한·미 해외동포정책연구소, 2005.

임종운, 『경제 발전과 국제분업론』, 동성사, 2001, pp. 70-84.

우남전기편찬위원회, 『우남 노선』, 명세당, 단기 4291년(1958).

정병준, 『한국전쟁: 38선 충돌과 전쟁의 형성』, 돌베게, 2006.

정은이 외 4인, 『한반도 신경제구상 추진전략과 정책과제』, 통일연구원, 2020.

정주신, 「독일 통일 과정에서 정당의 성격분석: 동·서독 지배정당을 중심으로」, 한국연구재단 연구과제, 2012.

조희윤, "한중 수교 30년 무역구조 변화와 시사점", Trade Focus, 2021년 38호, pp. 8-9.

치펑페이, "1978년 이후 중국 정부의 화교정책과 그 결과", 『한·중·미 해외동포
정책 세미나』, 한·미 해외동포정책연구소, 2005.

하무트 사이퍼트(Hartmut Seifert), "노사관계를 통해 살펴본 독일의 고용기적",
『국제 노동브리프』, 한국 노동 연구원, 2014.

『화교와 우리의 과제: 화교 네트워크와 우리 기업의 활용 방향』, 서울대학교 국
제 지역원(자료집), 2002.

KBS 「남북의 창 - 작은 북한」, 조총련, 2011.6.11.

KBS, 「남과북, 경계에서 도전하는 4명의 젊은이 밀착 취재!」, 2019.5.2 방송.

〈해외 편〉

Bob Jessop, "Accumulation Strategies, State Forms, and Hegemonic Proj-
ects". *Kapitalistate*, 10, 1983:89-111.

Bruce Cumings, *The Origins of the Korean War, Vol. 1*
: *Liberation and the Emergence of Separate Regimes, 1945-1947.* Prince-
ton University Press, 1981.

Cox, R. W., "Gramsci, Hegemony, and International Relations: An Essay in
Method", Millennium: *Journal of International Studies*, 1983.

Cox, R. W., *Production, Power, and World Order: Social Forces in the
Making of History.* New York: Columbia University Press, 1987.

Christian Deubner, "Change and Internationalization in History: toward
a Sectoral Interpretation of West German Politics", edited by W. D.
Graf, *Internationalization of the German Political Economy,* St. Martin's
press, 1992:32-33.

Fröbel, F., J. Heinrichs, and O. Kreye, The New International Division of
Labour. Cambridge: Cambridge University Press, 1980.

Gallagher, John; Robinson, Ronald, "The Imperialism of Free Trade". *The Economic History Review.* 6(1), 1953:1-15.

Immanuel Wallerstein, "Globalization or the Age of Transition?" *International Sociology,* Vol.15(2), June 2000: 251-267.

Immanuel Wallerstein, "Friends as Foes" *Foreign Policy NO. 40,* 10th Anniversary (Autumn 1980):119-131.

Ireneusz Pawel Karolewski, Roland Benedikter, "Europe's Refugee and Migrant Crisis: Political Responses to Asymmetrical Pressures" in *Politique europeene,* 2018/2(N 60):98-132.

John Asimakopoulos, "Globally Segmented Labor Markets: The coming of the Greatest Boom and Bust, without the Boom" *Critical Sociology 35(2),* 2009:175-198.

Kindleberger, Charles P., "Dominance and Leadership in the International Economy: Exploitation, Public Goods, and Free Rides", In *International Studies Quarterly. Vol.25,* Issue 2, 1 June 1981:242-254.

Sklair, L., *The Transnational Capitalist Class.* Oxford: Blackwell. 2001.

Sklair, L. *Globalisation: Capitalism and Its Alternatives.* New York: Oxford University Press, 2002.

Muhammed Kuessad Oezekin, "Restructuring 'Hegemony' in the Age of Neo-liberal Globalization" *Eskisehir Osmangazi Universitesi libF DerGisi,* Nisan, 2014: 91-112.

Rueckert, A., "Producing Neoliberal Hegemony? A Neo-Gramscian Analysis of the Poverty Reducing Strategy Paper (PRSP) in Nicaragua", *Studies in Political Ecomony,* 79(4), 2007:91-118.

Selig S. Harrison, *Korean Endgame: A Strategy for Reunification and U.S. Disengagement.* The Century Foundatuion, 2002, xv.

William D. Graf, "Internationalization and Exoneration: Social Functions of the Transnationalizing West German Economy" in the post-war Era, edited by W. D. Graf, *Internationalization of the German Political Economy*, St. Martin's press, 1992: 15-16.

William K Carroll, "Crisis, movement, Counter-hegemony: in Search of New" *A Journal for and about Social Movement, Volume 2(2)* November, 2010:168-198.

William I. Robinson, *A Theory of Global Capitalism: Production, Class, and State in a Transnational World*. Baltimore: Johns Hopkins University Press, 2004.

William I. Robinson, and J. Harris. "Toward a Global Ruling Class? : Globalization and Transnational Capitalistic Class". *Science and Society,* 64/1, 2000: 11-54.

William I. Robinson, *A Theory of Global Capitalism: Transnational Production, Transnational Capitalists, and the Transnational State.* Baltimore: Johns Hopkins University Press, 2004.

남북 경제협력의
새 비전과 과제
: 남한식 헤게모니 모색

ⓒ 임종운, 2023

초판 1쇄 발행 2023년 11월 8일

지은이   임종운
펴낸이   이기봉
편집   좋은땅 편집팀
펴낸곳   도서출판 좋은땅
주소   서울특별시 마포구 양화로12길 26 지월드빌딩 (서교동 395-7)
전화   02)374-8616~7
팩스   02)374-8614
이메일   gworldbook@naver.com
홈페이지   www.g-world.co.kr

ISBN   979-11-388-2455-2 (93320)